小学校英語から中学校英語への架け橋
文字教育を取り入れた指導法モデルと教材モデルの開発研究

小野尚美　髙梨庸雄　土屋佳雅里

朝日出版社

― 目　次 ―

謝辞　1

はじめに　3

 「読み書き」能力を回復する指導　5

　第 1 章　Reading Recovery Program という言語指導方法　7
　第 2 章　Reading Recovery と
　　　　　日本の小学校英語指導との接点　21
　第 3 章　Reading Recovery Program と Literacy 教育の現状　31
　第 4 章　日本の小学校英語教育への示唆　65

 小学校英語教育と文字教育　71

　第 5 章　早期英語教育の評価　73
　第 6 章　日本の英語教育における CAN-DO リスト　83
　第 7 章　英語の文字と音の関連規則の理解　107
　第 8 章　フォニックス・スクリーニング・チェック　119
　第 9 章　音声と文字の導入　131
　第 10 章　早期英語教育担当教員の資格　143

iii

第3部 小学校英語教育の実践　153

第11章 実験授業の目的と学習状況分析　155

第12章 Reading Recovery を応用した授業用タスク　185

おわりに　小中連携と今後の展望　239

索引　245

著者紹介　249

謝辞

　日本でまだ認知度の低かった Reading Recovery Program（以下、RR プログラムと略す）について理解を深めるために、多くの RR プログラム関係者にお世話になりました。平成23年に著者2名（小野、髙梨）は、オーストラリア、ニュージーランド、カナダの RR プログラムを実施している小学校や RR 教員研修所を訪ね、RR プログラムについて学んできました。オーストラリア（シドニー）の Turramurra Reading Recovery Centre の Dr. Janice Farmer-Hailey、Dr. Marian Power、Ms. Louise Green、Ms. Lydia Berger、ニュージーランド（ダニーデン）の RR トレーナーである Ms. Amy Fraser、North East Valley Normal School、George Street Normal School、Tainui School の校長先生を始め、RR 教員の方々、オークランドの New Windsor School、Freeman Bay Primary School、Oranga Primary School の校長先生と RR 教員の方々には、RR 授業参観および研修参観をお許しいただきました。また、RR Center のある The University of Auckland の教授であり RR トレーナーでもある Dr. Christine Boocock、Dr. Blair Koefoed のご指導を受けることで、RR プログラム関係者の間で受け継がれてきた Dr. Marie M. Clay の指導理念について深く理解することができました。平成24年にはさらに、RR および RR 教員養成について研鑽を積むために、カナダの Canadian Institute of Reading Recovery® (CIRR®) Central Division Office のコーデイネーターであり RR® トレーナーでもある Ms. Janice Van Dyke と CIRR® の会長の Ms. Hazel Dick を訪ねました。研修中でご多忙の中、丁寧なご指導いただくことができました。平成25年2月には、バカロレア認定校であるシンガポールの Canadian International School の授業参観を通して国際理解教育を英語指導にどう取り入れているかを学ぶことができました。School Support Lead の Ms. Ruth Yoneda から、小中連携プログラムについて貴重なご意

見をうかがうことができたことも大変有意義でした。本書の出版は、これらの多くのRRプログラム関係者と英語指導者の方々のご理解とご協力があってのことと、心より感謝いたしております。

　なお、本書は、平成27年度科学研究費助成金（基盤研究C一般）（課題番号15K026970001）と成蹊大学文学部学会出版助成金から助成を受けて出版されました。

　今後、本書をお読みいただく方々から、ご意見ご感想を賜れましたら幸いです。

2017年3月

著者代表　小野尚美

はじめに

　本書は、2014年3月に金星堂から出版した『「英語の読み書き」を見直す』で述べた Reading Recovery Program（以下、RRプログラムと略す）の理念と指導方法を日本の小中連携を目的とした小学校英語の指導方法に応用するための試案である。

　平成23年度から始まった公立小学校での「外国語活動」では、読み書き指導を行わず、英語によるコミュニケーション能力を育成するための素地を身につけるため、音声言語中心の授業が展開されている。しかし、中学校での英語学習を視野に入れるならば小学校での英語活動から英語による読み書き指導が必要なのではないかと考える教師の数が年々増えているようで、近年、小学校英語教育学会 (JES) や日本児童英語教育学会 (JASTEC) でも、小学生に英語による読み書き指導をいかに行うかという研究発表や実践報告を多く聞くことができる。そのような状況下、本書も小学校英語と中学校英語の連携のためには英語の読み書き教育が必要であるという考えに基づき、1980年代から英語を主要語とする国々で英語の読み書きに躓いている小学生の能力回復に実績をあげているRRプログラムの指導方法を応用した指導モデルと教材モデルを提示している。

　RRプログラムは、学習者を取り巻く状況の中で、単語の音声、文字、意味の相互関係の理解から文構造の理解、テキスト全体の理解へと、教師とのインタラクションを通して読み書き活動を行いながら指導していくものである。また、指導効果を上げるために定期的に行う教員研修の重要性も強調している。この4技能の指導を取り入れた音声言語と書記言語の教授方法は、日本の小学校での英語指導方法に多くの示唆を与えると考える。

第1部

「読み書き」能力を回復する指導

　本章では、Reading Recovery プログラム（以下、RR プログラムと略記）の指導理念、指導方針および指導方法について概説しながら、RR プログラムと日本の小学校英語教育との間には接点があると着想するようになった根拠について説明し、平成23年から平成25年にかけて行ったオーストラリア、ニュージーランド、カナダでの RR 研修、シンガポールにあるカナダインターナショナルスクールでの研修について報告するとともに、日本の小学校英語指導における「素地」とは何であるべきか、文字教育がなぜ小中英語教育の連携の要となるのかについて述べていく。

第1章

Reading Recovery Program という言語指導方法

　RRプログラムは、英語を主要言語として使用している国々で読み書きに躓いている児童の能力を回復させるために開発された介入プログラムの一つである。開発者は、ニュージーランド人教育者であり研究者であったMarie Clay（正式には、Dame Marie Mildred Irwin Clay）である。Clayは、このプログラムを1976年から1979年の間にニュージーランドで開発した (Gaffney and Askew, 2001-2014)。1983年に、RRプログラムはニュージーランドの教育プログラムになり、その後、ClayやBarbara WatsonらニュージーランドのRRプログラム関係者によってアメリカ、イギリス、オーストラリア、カナダなどの国々でも介入プログラムとして使われるようになった。それぞれの国にはRRプログラムのためのガイドラインがあり、Clayの指導理念と指導方法の確実な継承のために活用されている。また、英語だけでなく、スペイン語（アメリカ）やフランス語（カナダ）の読み書き回復プログラムとしても発展していった。

　RRプログラムには、主に下記のような特徴がある。

(1) 一対一の個人指導のためのプログラムである。
(2) 指導時間は1日30分間毎日行われる。
(3) 読み書きレベルが下位20％の児童が指導の対象となっている。
(4) 個々の児童の読みの様子を詳細に観察し、観察記録ノート (running record) を取り、児童一人一人のニーズに合致した教材を選び、指導を行う。
(5) 観察記録ノート、指導中の書く活動の様子や児童が読んでいるテキ

ストのレベルを確認し、Burt Word Reading Test と Writing Vocabulary Test の結果を見ながら、指導関係者が合議の上、当該児童の RR 指導修了 (discontinue) 時期を決める。

(6) RR 指導を行う教員研修が充実している。

　RR プログラムは、通常の小学校の時間割の中に組み込まれているため、RR の指導を受けることになった児童は他の児童よりも長く授業を受けるわけではない。RR プログラムの児童は、1日30分間、学校のある日は毎日、別室または通常の教室の一角で RR 教員から、それぞれの読み書きレベルに適したテキストを使って指導を受ける。ニュージーランドでは、5歳の誕生日を迎えると小学校に入学することができる。1年生になった2学期に、観察記録による読む能力の判定結果が下位20％に属するとみなされた児童は、RR プログラムでの学習を薦められる。日本の保護者は、自分の子どもが学校で行われる特別指導を受けるよう薦められるということにはいくぶん抵抗があるかもしれないが、英語圏ではほとんどの場合、保護者はこのプログラムへの推薦を積極的に受け入れるのである。

　RR プログラムで指導を受ける児童は、平均12週から15週で読み書き能力を回復できると言われているが、最長20週間指導を受けることができる。20週間を過ぎても能力が回復しない場合もあるが、その場合は児童の読みのレベルを記録した観察記録ノートに基づき、児童の保護者、担当の RR 教員および担任の教員が集まって協議し、そのまま RR 指導をしばらく続けるか、他の介入プログラムで指導を受けるかなど、その児童に適した指導方法を模索する。通常、指導を受けている児童は、RR で使っているテキストレベルが16かそれ以上で、RR 教員からの助けを極力受けずに5〜6つの文が書ける場合、RR プログラム指導を修了することができる。RR の指導を修了する (discontinue) 前には、観察記録、Burt Word Reading Test と Writing Vocabulary Test の結果、テキストレベルの記録を基に、RR 教員、担任、RR プログラムの児童の指導に直接携わらなかった RR 教員 (independent assessor) が、児童の読み書

き能力の上達に関する判断をする。そして、当該児童は通常のクラスでの授業に戻ることができる。このように independent assessor という直接当該児童の RR 指導に携わらなかった教員が参加することで、第三者の立場から児童の読み書き能力が公平に評価される。

　RR プログラムの基本的な指導は次のような手順で行われる。これらの指導の内容は、著者 2 名がオーストラリア、ニュージーランド、カナダでの RR プログラム研修で実際に参観した訓練の内容に基づいている。
(1) RR 指導を始める前に、warming-up session を設け、児童と RR 教員が学習しやすい環境を整える。
(2) 児童が読んだことのあるテキストを読む。
(3) Instructional text を読む。
(4) 文字および音韻認識指導を行う。
(5) 話やメッセージを英語で書く。
(6) Cut-up story タスクを行う。
(7) 読んだことのないテキスト (challenge book) を RR 教員と一緒に読む。

　RR プログラムを始める前の warming-up session はとても重要である。RR プログラムでは児童の関心や既有の知識を引き出しながら読み書き能力を回復させていくという教育方針が根底にあるため、RR 指導を本格的に始める前に当該児童と「知り合う」期間を設けている。この session では、特に行わなければならないタスクはなく、児童が絵を描く、また何か作成したりなど、児童の興味を引くことのできそうな活動を行うことになっている。

　RR 指導の開始は、当該児童が既に知っている内容のテキスト、または児童が読んだことのあるテキストを読むことから始める。読みの能力を養成するためには、テキストは「難しすぎず」また「易しすぎず」、児童にとって「適切なレベル」の教材でなければならず、RR 教員はそれぞれの児童のレベルおよび興味に即した教材を選ぶことのできる「判断力」がなければならない。テキストレベルの決定は、児童が読んだテキストの中に出てくる語彙のうち、その児童がどれだけ読み間違えたか

を算出して、100を掛け、その数を100から引いた数字を基準としている (Clay, 2005)。例えば、テキストに出てくる総単語数を150語とする。そのうちある児童が読み間違えた語数が15語だとする。150分の15に100を掛けると10となる。100から10を引くと90となり、正確に読める割合は90％となる。この計算方法により95％から100％正しく読めるレベルのテキストを easy text、80％から89％正しく読めるレベルのテキストを hard text、90％から94％正しく読めるレベルのテキストを児童に「適したレベル」とし、instructional text として使うのである。上記の例にあげた児童にとってそのテキストは正確に読める割合が90％であるので、その児童に「適したレベル」のテキストだとみなす。Hard text は、frustration leveled text と呼ばれ、RR の指導には不適切と考えられているので、もしこのレベルのテキストを選んでしまった場合は、それより易しいテキストを選びなおす必要がある。RR 指導用に各出版社がテキストを出版しており、それぞれがテキストの難易度を設定しているが、必ずしも出版社同士の基準が一致しているわけでもなく、また児童の興味に合ったもので語彙のレベルの適切なテキストを選ぶには RR 教員の指導技術が問われるところである。

　読みに躓いたときには、その単語の意味、発音、文字の形に注目させながら指導を行う。例えば"house"という文字が読めなければ、児童が知っていると思われる"home"という語との類似性に注目する。発音しながら音素ごとに手拍子をして h-ou-se と分けてみる。「家」を表す絵を示しながらその意味を推測させる。テキストを読んでいるときに出会った語をいくつか取り出して、アルファベットの大文字と小文字の区別や文字と音素の関係を教える。

　また、RR プログラムの最終目標が「自分で考えて読むことができる、自分の読み書きの間違いは自分で正すことができる」ことであるから、訓練中によく聞かれる prompts として"Read like talking!"がある。学校に入学してアルファベットを学ぶ前に児童は既に「ことば」の音声と意味の結びつきを理解しているであろうという Clay の emergent literacy の

考え方に基づき、音声と意味を文字と結びつけ fluent reader になることを目指しているわけである。

　もし RR 指導が 2 回目以降であるならば、先回 challenge book として読み、自宅で読んでくることが期待されているテキストを児童に読ませ、どのくらい読めているかを記録する。このようなテキストを"instructional text"と呼ぶ。RR 教員が観察記録を取るとき、児童が instructional text を読んでいるときどのくらい自分の読みの間違いに気づき、問題解決 (problem-solving) ができるようになっているか確認するために、読み方について助言を与えるための prompts や修正のためのコメントまたは tips for reading（読み方のヒント）は極力避ける。

　書く活動では、児童の日常生活や関心事から話題を選び、口頭で質問をしながら、その内容について英語で書かせる。アルファベットを書くときは紙の左から右へ書くこと、1 行書き終わったときにはまた左から右へ書くことを教える。アルファベットの大文字と小文字を正しく書くことや、カンマやピリオドを付けるという規則も教える。児童が単語で躓いた場合、prompts または cues を与え、その単語と意味の類似している他の単語を思い出させる。児童の書いた文を音読させたり、読み間違えた単語がある場合は、その単語を構成している音素に注目させたりしながら、文字と綴りの関係について理解させる。

　RR 教員は、指導中に児童に注目させたい構文を選び、短冊のような長い紙にその文を書き、児童と一緒に読んでから、単語ごとにはさみで切り、児童に再びその文を作り直させる。これを cut-up story と呼んでいる。その story をピリオドも含め、単語ごとにカードを並べ替える作業は、児童が自宅に帰ってからも保護者の前で再度並べ替えてみるなどその理解が定着するように繰り返し行う。

　30 分の指導の最後では、RR 教員は新しいテキストを児童に紹介する。教員は、児童にテキストの中の絵に注目させたり、挿絵について質問をしたりして、新しい本の内容へ興味がわくように誘う。教員は話の概要を説明しながら、RR 児童と一緒に読む。このテキストは、次回の

instructional text となる。

　児童の読みの様子を記録する観察記録ノートは、RR プログラムを特徴づける評価方法である。通常、学習者の能力を判定するためには客観テストが使用される場合が多いが、RR プログラムでは、児童がテキストを読んでいる最中に、RR 教員が児童の単語の意味 (meaning) や文法構造 (structure) の理解度、文字の形 (visual) の理解度を記録し、その結果を次の教材選択および児童の学習状況把握に生かすのである (Clay, 2005)。つまり、RR の児童がテキストを読んでいるとき、単語の意味がわからなかったのか、その単語の文中での文法的役割がわからなかったのか、その単語の綴りがわかっていなかったのかを見るため、観察記録ノート用のマークを使いながら、児童が読んでいる時瞬時にその読み能力の判定を行う。同じ文字を繰り返す、躓いた文字を自分でわかってもう一度読み修正するなどの児童の読みの行動を一つずつ記録していくのである。

　児童は、RR 指導で読んだ本を含め数冊の本を自宅へ持ち帰って読み、また cut-up story で作った単語が書かれている紙片を何度も正しい語順に並べ替えるなど自宅で復習をする。特に次の日に観察記録ノートで評価をされる本（challenge book であり、次の日には instructional text となる）を読む練習をする。保護者は自宅での RR 児童の勉強を手伝うことは期待されていないが、持ち帰った本を読み、cut-up story の並べ替えをやるよう励ますのである。

　RR プログラムのもう一つの特徴として徹底した教員養成システムがあげられる。このプログラムに関わる教員は、① Reading Recovery Teachers（以下、「RR 教員」とする）、② Reading Recovery Tutors（以下、「RR チューター」とする。なお、米国とカナダでは Teacher Leaders と呼ばれている）、③ Reading Recovery Trainers（以下、「RR トレーナー」とする）という 3 つのレベルに分かれている。RR プログラムの指導には基本的に①②③の指導者全員が当たっているが、それ以外の仕事の分担という点で異なる役割を果たしている。

RR教員を目指す教員 (teachers in training) は、RRプログラムの指導者資格を取得するために、1年間の研修中にRRチューターから観察記録シートのつけ方、児童の読み書きレベルに適したテキストの選択の仕方などを習い、実際のRR教員が教えている様子を観察しながら、読み書きの指導方法を習得するのである。RR教員研修中の教員は、研修施設内にあるone-way screenのついた別室でRRの授業を観察し、指導方法についてRRチューターや他の研修中の教員と意見交換することになる。下記の写真は、one-way screenのあるRR教員訓練用の部屋の様子である。左の部屋（aの写真）で現役のRR教員がRRプログラムで指導を受けている児童とともに授業を実践し、bの写真にあるようにscreenの手前（別室）で研修を受けている人々やRRチューターがその教えている様子を観察するのである。窓側の黒いカーテンを引いてしまうと、児童やRR教員の方からはRRチューターらが観察しているのを見ることができないようになっている（cの写真）。

a.

b.

c.

　RRプログラムでは、RR教員になった後も指導技術を磨くために研修を受けることになっている。教員研修を受けるRR教員 (trained teachers) は、毎年少なくとも6回教員研修に参加することになっている。またその教員研修で、自分が指導しているRRプログラムの児童とともにone-way screenの設置された部屋での実践授業を行い、他の同僚やRRチューターから助言を受ける。同僚のRR教員の授業をお互いに参観し合い、RRチューターとも定期的に連絡を取り、指導技術をさらに

磨くことになる。

　Teachers in training と trained teachers が RR 研修で教授される主要な指導方法は、RR 児童の観察記録のつけ方、テキストの選定、児童の指導を修了する (discontinue) 時期決定の基準である。前述にあるように、観察記録は児童が instrumental text を読んでいる最中に音、意味、文字の相互理解を確認するのであるが、その判断が教員によって異なることがある。RR 指導の経験年数が違えば、判断に差が出るからである。

　教員研修では、RR チューターによる観察記録のつけ方を学ぶ session が開かれている。またそれに伴い、テキストの選定の基準について RR 教員同士が意見交換を通して学んでいく。さらに、一定の RR 指導を受けた後、効果があったと考えられる場合はその児童の指導を修了し (discontinue)、通常の授業へと児童を戻すことになる。教員が共通の教育目的を持ちながら協同で児童の指導に当たり、児童の学習状況についての情報を収集し、効果測定を行いながら適切な指導をしていくという考え方を collaborative inquiry と呼ぶ。ある一定の期間 RR 指導を続けても児童の読み書き能力が回復しない場合は、直接指導している RR 教員、担任、他の RR 教員が協議の上、他の介入プログラムに参加することを薦めることもある（recommended または referred と言われている）(David, 2008-2009)。

　近年の RR プログラムの成果については、英語圏の国々から報告書が出されている。インターネット上で掲載されているが、ここでいくつか紹介する。イギリスおよびアイルランドで行われている RR プログラムの2013－2014年度成果報告書 (Reading Recovery annual technical report for the United Kingdom and the Republic of Ireland: 2013-14) によると、2013年から2014年にかけて11,435名の児童が1,532人の RR 教員による RR 指導を受け、プログラムを修了した児童のうち84.5％（20人中17人）が年齢相当の読み書きレベルに到達することができた。これは前年度と比べて0.4％増えた数字であった。また、RR を修了した児童の79％は、Key Stage1の終わりの時期に読みの能力がレベル2またはそれ以上になるこ

とができて、54%は2bレベルかそれ以上になった。RRを修了した児童の67%が、書くことにおいてレベル2に到達することができ、30%の児童がレベル2bかそれ以上のレベルに達することができた。5歳の年齢で読み書きが困難でレベル2に到達できそうにない児童が、ここまで能力が回復するのは大変意義があるとされている。2013年から2014年にかけて、最も低い読み書きレベルから年齢相当のレベルに能力を回復したRRプログラムの児童は、平均18週間にかけて71レッスン（1レッスンは30分）読み書き回復指導を受けていた。

　イギリスとアイルランドでRRに参加する児童は、5歳9か月から6歳3か月の間にRRプログラムに参加するよう促される。性別では、男子の比率が女子を上回っており、RRに参加する児童の母語に関しては、小学校全体として21.3%の児童が英語を「もう一つの言語 (additional language)」として使っているが、外国人の児童も順調に読み書き能力を回復しており、78%を下回ることはなかった。

　RRプログラムに参加している児童の家庭の経済状態に関しては、アイルランドでは6人に1人（約205,000）の児童が貧困層に属していると言われている。RRプログラムは、特に貧困層の児童の読み書き回復に役立っている。イギリスでは、学校給食免除 (free school meals) であるかどうかが児童の経済状態を表す指標となっているが、読み書きに問題があるということと児童が貧困層出身であることには関係があると考えられている。2013年から2014年の報告では、経済的に不利な環境の児童でも84%が、年齢相当の読み書きレベルに到達し、経済的に問題のない家庭の児童の達成度〈85%〉と比べてもそれほど差はなかった。

　教育現場での意思決定者のために教育効果の測定結果について情報提供をしているサイトであるWhat Works Clearinghouse（以下、WWCと記す）では、アメリカでのRRプログラムの効果について次のような報告をしている。RRは、一般的な読解能力の養成に効果を発揮しており、特に読みを習い始めた児童 (beginning readers) のアルファベットの習得、流暢さ、理解力に効果があることがわかった (WWC Intervention Report,

2013)。この研究結果は、WWCの評価分析のための基準に合致した3つの研究結果（14州にいる小学1年生児童227人を対象にした研究）に基づいている。評価基準はpercentile pointsで表されているが、アルファベット（平均＋21）、流暢さ（平均＋46）、理解力（平均＋14）、全般的な読解力（平均＋27）となっている。

　ニュージーランドの文部省からの報告によると (Ministry of Education, 2014)、2013年にRRプログラムを修了した児童の数は、2012年と比較すると安定していると言える。RRプログラムを修了した児童の79％が読み書き能力を回復することができ、13％の児童が他の特別なリタラシー訓練を受けるよう指導を受け、一連の指導を受け終わる前に止めてしまった児童が全体の5％おり、残りの3％はうまく訓練についていってはいたが、結果として指導を修了することができなかった。

　プログラムを無事修了することができた児童はRRの指導を受けていた児童の91％で、教材レベルはトルコ色レベル（テキストは、レベル別に色分けされており、ニュージーランドカリキュラム読解力判定基準ではRRレベル17－18である。）か、またはそれ以上のレベルに到達することができた (Cowles, 2013)。これら91％の児童のうちの74％は、小学校の2年目を終える前にRRを修了しており、早い段階で読み書きが通常の授業についていけるレベルまで到達することができたことを示している。また、RRの指導の際に行われるBurt Word Reading TestとWriting Vocabulary Testによる読み書き能力判定からも、読み書きの回復に成功した児童は、当該学年レベル相当になっていたことが明確になった。RRプログラムを実施した結果に関して、児童の性別および民族の違いとRRでの読み書き能力発達の関係に焦点を当てた報告もある。ニュージーランドでは、公立校の校区に住む人々の社会経済的レベルをdecileという数字で表している。国勢調査による情報に基づき教育省は、それぞれの校区の学校へ通う児童の保護者の収入をdecile1から10までの数字で決めている。Decile1が低収入で、decile10が高収入となっており、decileレベルの高い学校の方が低いdecileレベルの学校より優秀な

児童が多いと言われている。一般的にニュージーランドの親は、裕福な家庭環境の子どもたちの多い、decile レベルの高い校区の学校で子どもの教育をつけさせたいと考えるとのことである（NZ 高校ドットコム、2015）。また、この decile レベルは、それぞれの小学校に社会経済的恩恵を十分受けていない家庭の児童が何％学んでいるかという指標を表している。この decile レベルが高ければそのような児童の数が少ないことを表し、レベルが低い場合は、そのような児童の数が多いことを表し、この decile レベルが低いほど、教育省からの助成金が多く支払われることになっている (New Zealand Ministry of Education, 2014)。高い decile レベルの学校において RR プログラムがより多く実施されている傾向にあるが、低い decile レベルの学校の児童の方がより多く RR プログラムに参加しているという事実から (Cowles, 2013)、社会経済的に困窮している家庭の児童の方がより読み書き回復指導を必要としていることがわかる。

2012年の報告では（Cowles, 2013）、女子、ニュージーランド系およびアジア系児童、そして deciles8 から10のレベルの学校の児童（このレベルの学校では社会経済的レベルの低い児童の数が比較的少ない）は、男子、マオリ族出身の児童、太平洋の島々出身の児童（ポリネシア、メラネシア、ミクロネシアの島々）、そして decile1 から 3 のレベルの学校の児童（このレベルの学校では社会経済的レベルの低い児童の数が比較的多い）よりも RR プログラムを通して読み書き能力の回復度が高いと述べている。

6 歳児を教えている州立小学校の64％（3 分の 2 ）が RR 訓練を提供しており、州立小学校の 6 歳児の75％（4 分の 3 ）が RR プログラムを提供している小学校で学んでいる。2012年の記録では、10,983人の児童のうち、州立小学校に通っている8,169人（74％）の児童が2012年に RR プログラムに初めて参加し、2,484人（23％）の児童は前年度から参加している (Cowles, 2013)。また Cowles (ibidem) の報告書によると、329人（ 3 ％）は、他の学校から転校してきたという記録がある。親の

収入と児童の読み書きレベルには関係があるようだが、RR プログラムを最も必要としている decile レベルの低い学校に教育省からの援助が与えられていることから、ニュージーランド政府が literacy 教育を充実させる必要性があると考えており、RR プログラムへの信頼度が高いことを示している。

参考文献

Clay, M. M. (2005). *An Observation Survey of Early Literacy Achievement.* North Shore: Heinemann Education.

Cowles, S. (2013). Annual Monitoring of Reading Recovery: the Data for 2012. Ministry of Education (New Zealand).
Retrieved May 10, 2014 from
http://www.educationcounts.govt.nz/publications/series/1547/annual-monitoring-of-reading-recovery-the-data-for-2012.

David, J. L. (2008-2009). Educational Leadership Data: Now what?: Collaborative Inquiry. Educational *Leadership, 66(4)*, 87-88.

Gaffney, J. S. and Askew, B. (2001-2014). Marie Clay: Teacher, researcher, author, and champion of young readers. Reading Recovery Council of North America.
Retrieved April 13, 2014 from
http://readingrecovery.org/reading-recovery/teaching-children/marie-clay.

Institute of Education University of London. (2013-14). Reading Recovery annual technical report for the United Kingdom and the Republic of Ireland: 2013-14
Retrieved June 6, 2016 from
https://www.ucl.ac.uk/international-literacy/pdfs/Reading_Recovery_in_the_United_Kingdom_and_the_Republic_of_Ireland_2013-14.pdf.

Ministry of Education. (2014). Annual Monitoring of Reading Recovery: the Data for 2013. Ministry of Education (New Zealand).
Retrieved June 6, 2016 from
https://www.educationcounts.govt.nz/_data/assets/pdf_file/0011/146675/Annual-Monitoring-of-Reading-Recovery-2013-Data.pdf.

NZ 高校ドットコム．Retrieved August 26, 2015 from
http://nz-koukou.com/blog/decile/.

New Zealand Ministry of Education. (2014). School decile ratings.

Retrieved May 11, 2014 from
http://www.minedu.govt.nz/Parents/AllAges/EducationInNZ/SchoolsInNewZealand/SchoolDecileRatings.aspx.
U. S. Department of Education. (2001-2013). What Works Clearinghouse documents Reading Recovery's scientific research

第2章

Reading Recovery と
日本の小学校英語指導との接点

　RR プログラムには、それを支えている Clay の読み書き教育の理念の emergent literacy「リテラシー発現」と roaming around the known「既知の事柄を基に未知の事柄を探る」という指導方針がある。RR プログラムでは、この教育理念と指導方針に基づき、読み書き能力が学年相当のレベルに達していない児童の能力回復のために、30分間の訓練を、最長で20週間を目安として学校のある日は毎日続ける。この理念、指導方針そして指導方法は日本の小学校での英語指導法に重要な示唆を与えている。

　Emergent literacy とはどのような意味なのだろうか。Clay (1991) は、その著書の中で次のように述べている。

> Preschool children already know something about the world of print from their environment (p.28, ll.13-14).

　子どもは、就学前から日常生活の中で母語の文字にさらされ、母親や家族など周りにいる人々とのコミュニケーションを通して、その言葉による談話パターンを次第に身につけていくのである。生活環境の中にある文字に触れる過程で、それらが何かを意味していることに次第に気づき、子どもは自己流の文字 (invented letters) や落書き (scribbles) などを使ってメッセージを伝える経験を繰り返す。就学前の子どもは、その言語習得過程で、周りの人々とのインタラクションの経験によって言葉を内在化し、言語を習得していくのである (Vygotsky, 1978)。このように、子どもは就学前に既に読み書きを部分的に「習得している」のであり、

その状態が Clay の言う emergent literacy なのである。周囲の人々とのコミュニケーションが、子どもの言語発達および心身の成長とともに、コミュニケーション・スタイルを確立していく。そして、就学前から徐々に育成されている「話し言葉」や文字らしきもので何かを表現するという経験が、学校で行われる文字指導を通した「書き言葉」の発達へと導くのである。

　就学前に子どもが身につける音声言語の習得過程は実際どのような様相を呈しているのだろうか。言葉と文化の関係という視点から考えてみたい。子どもが周りの人々とのコミュニケーションで経験するのは会話が多いが、大人による読み聞かせを通して物語の構成（場面設定や story schema）に慣れるという経験も子どもの言葉の発達には重要な役割を果たしている。自分の生活しているコミュニティで語り継がれてきた物語を聞きながらその内容を予測し、話の内容について考え、話し合うなども子どもの成長過程でよく起こりうることであり、そのような経験が母語習得にも影響を与え、子どもはやがて自分の属するコミュニティで受け継がれている価値観を知らず知らずのうちに持つようになる（南、2013年）。

　この「物語る」能力の発達のもう一つの側面として、子どもの経験を通して構築されていく知識構造として文化的知識とスクリプトの生成がある（南、2013年）。文化的知識は、スキーマの一種（英語教育では内容についての知識を content schema、テキストの形式についての知識を formal schema と言う）と考えられており、外国語学習、特にリーディングとリスニングといったインプット理解のためには、この知識を活性化できるか否かが理解の程度に影響を与えると言われている。一方、スクリプトは何かのやり方というような手続き的な意味合いを持つ概念である。スクリプトは児童が経験する場面と密接な関係があり、それぞれの場面で事柄がどのように起きるかの予測を助けると考えられている。

　この「物語」を聞く経験を経て「物語る」能力を育成し、自分の母語が話されている社会の一員となる過程は、日本だけでなく他の国々でも

あり得る共通した現象であろう。また、子どもの言語習得の初期段階では、母語の違いにもかかわらず共通した言葉の成長過程の特徴として、喃語から「1語文」、「2語文」と次第に話す言葉が長くなり、2語文のあたりから文らしきものが出現し、2歳過ぎたころから過去に起こった出来事について自分の体験談を語るようになり、3、4歳ごろから「物語らしい」談話を産出する様子が見られる（大堀、2004）。

一方で、児童の社会化 (socialization) または文化化 (acculturation) のプロセスでの親子間のインタラクションの影響という観点からも、それぞれの文化の特異性が存在する。上記で述べられているスクリプトの生成についても、子どもの成長過程で構築される文化的知識とスクリプトは、子どもが生活していくときに生成されるため、子どもを取り巻く文化特有の特徴を持っているはずである。「文化伝達モデル (cultural transmission model)」を提唱した Caudill と Weinstein (1969) は、子どもは育つ段階で親からその文化固有のコミュニケーション・スタイルを受け継ぎ、それは子どもの談話パターンの形成に影響を及ぼしていると主張している。例えば、それぞれの文化特有の現象として、日本の母親は子どもとのインタラクションの過程で情緒的な共感を求める行為を無意識的に行っている (Clancy, 1986)。日本の母親と子どもの談話スタイルは、主語がなくても会話が成立するという日本語の文法的特徴に助けられ、交互に言葉を付け加えながら談話の内容を作り出していくというような共同構築型 (Minami, 2002) であるとも分析されている。一方、米国の母親と子どものインタラクションの様子を観察すると、"What is this? Pick it up and bring it." というような対象物に注意を喚起し、そのものの名前を理解させるといった行為が多く (Fernald and Morikawa, 1993)、アメリカの親や小学校の教師の子どもに接するときの話し方は、書き言葉につながった説明的な話し方をする傾向にあると考えられる（南、2013）。

上記で述べられているように、就学前の子どもの言語能力の発達過程には、文化を超えて普遍的な特徴があるが、それぞれの文化での親子間

または大人とのインタラクションを通して行われる文化的価値観の特異性も無視することはできない。この文化間のコミュニケーション・スタイルの発達過程における違いをどう考えるかが肝要なのであり、日本の小学校での外国語活動の目標である「言葉への自覚を促し、幅広い言語に関する能力や国際感覚の基盤を培う（文部科学省、2008, p.7)」ためにどのようなカリキュラムが必要なのだろうか。つまり、emergent literacy の理論を日本の小学校での英語指導に応用するためには、就学前に確立される談話スタイルの日英間の違い、そして文化や言葉の違いをどのように英語指導の中に反映させるかが重要であることが理解できよう。また、日本の小学校の英語教育のために、英語を主要言語としている異文化の談話スタイルを、言葉の学習を通して理解できるよう導く必要がある。

　そこで、英語を外国語として教える環境である日本の小学校では（音声言語においても書記言語においても）インプット量が限られているので、英語学習のために必要な文化的言語的インプットを与える必要がある。そのために、日本の小学校で英語を教える際にはテキスト選定が重要となってくる。RR プログラムでは、日頃より児童が周囲の人々との会話の中でよく使う言葉遣いが出てくるテキスト (little books) を使っている。実際のサイズも小さいのだが、この little books は児童が日常使っている音声言語中心に書かれている（詳細は、第3章のダニーデン研修を参照）。これは英語を主要言語として学ぶ児童の音声言語中心の談話パターンから書き言葉による談話パターンへの橋渡しの役割を果たしている。児童は RR による指導を受けながら、アルファベット文字、音声、意味との相互関係について学び、テキストを読んでいるときも "Read like you are talking!" という prompts を与えられ、英語を習得していく。Little books を読む経験を積みながら、児童はやがて、音声言語と書記言語を関係づけ、次第に文字と音声および意味を一致させることができるようになる。

　Little books を使う利点として、言葉を使う状況 (context) を常に意識

しながら言葉の使い方を学ぶことができることもあげられる。RRによる指導で使われるテキストは、児童が日常生活で使っている表現に出会うことが多く、内容的にも身近で起こりうる出来事を扱った題材が中心になっている。母語習得と外国語習得ではインプット量とアウトプット量が異なるといった外国語習得を取り巻く環境への制約を考慮すると、母語習得理論をそのまま外国語習得理論へと応用させることは困難だとする議論がよくある。そのため、RRプログラムの指導方法も日本の小学生の英語指導に示唆を与えることができるのかという疑問を持つ人も多いであろう。しかし、上記のように言語と文化の関係という視点から、子どもが育つ段階の談話スタイルの構築過程における相違点に注目し、little booksのようにテキストの内容を工夫することで、英語という言語だけでなく、英語を主要言語とする文化についても学ぶことができるであろう。また、RRプログラムの指導理念を日本の風土に適した英語指導へと応用することを検討するならば、日本の児童の身近に起こる出来事を題材とした英語のテキストを使い、英語の音声、意味、文字の相互関係を理解しながら、英語の音声言語から書記言語の習得を目指すことができるのではないだろうか。

　就学前の児童のemergent literacy「リテラシー発現」という現象に注目した教育を推し進めるならば、そこからroaming around the known「既知の事柄を基に未知の事柄を学ぶ」という指導方針が生まれてくる。なぜならば児童は自分が使っている言葉やそれを表す文字についての情報に既にさらされており、蓄積されてきた知識があり、周りの人々とのコミュニケーションを通して言葉について気づき始めているわけであるから、何か新しいことを学ぶ際には、児童が既に言葉について知っていることを探りながら学習における発見を促すのが指導上得策である。RRによる指導では、いかにして児童の興味や知識、身近に起こっていることを言葉で表現し、次の学習につなげていくかがRR教員の指導力の見せ所なのである。RRによる指導を始める前にRR教員は児童と理解し合うためにwarming-up期間を設けることになっている。その期間にRR

教員は、児童の好きなものや興味のあるスポーツなどについて情報を得て、効果的な RR による指導を行うための重要な下準備をするのである。日本の小学校での外国語活動でも教師は、この roaming around the known の考え方に基づいた指導方針のもと、既に育ちつつある日本文化や日常生活でメディアからの情報を通して得られる英語圏文化についての知識を探りながら、コミュニケーション・スタイルの違いなど新しいことを児童に気づかせ、外国語として英語学習を助けることができるのではないだろうか。新しいことを「学習」することは、そこに「発見」がなければならない。私たちは意識的にも無意識的にも認知能力を活性化しながら、新しい事柄の理解をしているのである。Roaming around the known は和訳すると、「知っていることの周りをうろうろする（想像や思いをめぐらす）」となるが、RR プログラムの指導方針は、文化を超えた人間の学習の在りように沿ったものであるといえる。

　Emergent literacy「リテラシー発現」という教育理念に基づき、roaming around the known「既知の事柄を基に未知の事柄を学ぶ」という指導方針によって行われている実際の30分間の RR による指導には、言語学習のために必要なタスクが効率よく含まれている。その指導では、roaming around the known を行いながら、インプット活動から始まる。warming-up も兼ねて、音と文字の関係を理解させる。色のついたマグネットのアルファベット文字を使い、大文字と小文字を区別する単純な問題からフォニックス活動 (synthetic phonics) まで、身近にある単語に含まれる音素に注目し、個々の音素を替えることによってどのような発音の単語になるかなど、単語単位で音と文字および意味の相互関係を確認する。その後、児童とテキストを読む。RR 教員は予め児童の読みのレベルや興味と合致したテキストを選び、読んでくるよう宿題を与えてある。その宿題で読んできたテキストの中で、児童にとって難しすぎることもなく易しすぎることもないテキストを読ませながら、音、文字、意味の相互関係の理解がどの程度できているか観察記録をつけながら確認する。テキストを読んでいるとき躓くと、RR 教員が recasting や

prompts などの feedback を与える。発音で躓けば、その単語と似た単語を思い出させて、知っている単語の発音から推測させる。意味がわからなければ、テキストのイラストや前のページからの流れに注目させて意味について考えさせる。テキストを読んでいるときに注目すべき文を抽出し、cut-up story 活動を行う。短冊のような白い紙を用意し、RR 教員がその文を書き、児童の前でその文を読みながら単語ごとにはさみで切って行く。切った後、児童はその文を思い出しながら、正しい語順に自分で並べ替える。大文字を最初に置く、最後はピリオドを付けるなど基本的な書記規則から英語の語順の理解まで児童が自分で短時間に確認することになっている。

　音と文字の関係を理解する訓練、テキストを読む訓練、さらに文構造について理解する訓練の後に、書くことによるアウトプット活動がある。児童は訓練の当日または近日中に起こった出来事について RR 教員と話をしながら、「何を書くか」を決める。大きなノートに英語で書きたい内容について言葉に出しながら書いていく。単語に躓く、綴りに躓くときには RR 教員が analytic phonics を使って音と文字の関係に注目させ、英語で書く訓練をする。アルファベット文字は左から右の方向へ書き、行末まで書き終わったらまた左へ戻って右の方向へ書く、文の最初の文字は大文字にして、何文字かインデントして書く、また鏡文字を書かないように指導するなど基本的な英語での文の書き方から学ぶ。

　30分の訓練の最後は、次回の観察記録を取るときに読むためのテキストを RR 教員と一緒に内容確認を目的として読む活動で締めくくる。挿絵を見ながら教員と一緒に音読し、発音で躓く場合は feedback を与える。このときは細かい部分にこだわらず、内容を理解し、後は意味を理解しながら自宅で何回も音読することになっている。

　このように、RR プログラムの指導内容は、テキストの内容理解や身近に起こっていたことについて書くというタスクをするといったように、言葉が使われている状況 (context) を与え、その状況の中で言葉がどのように使われているか、言葉の音声 (sounds)、意味 (meaning)、文字

(letters) の相互関係を理解させる。30分の訓練時間を通してインプットとアウトプットを繰り返す。また、単語レベル、句レベル、文レベル、談話レベルでの理解といった top-down 的および bottom-up 的の両方向からの情報処理訓練は、言語獲得のために必ず必要な活動であることも、英語を外国語として学ぶ日本の児童のための指導のポイントとして注目に値する。

　さらに、RR プログラムの指導方法は、言語獲得理論からも日本の外国語としての英語指導に適していることを強調したい。言語獲得理論の一つに相互交渉主義 (interactionists' view) がある。子どもの言語発達を知的発達と関連づけながら説明しようとする立場である。この考え方によると、子どもはその成長過程で知的発達をとげていくわけだが、それぞれの発達段階で子どもの認知能力に適した情報（modified input と呼び、学習者が理解できると思われる情報が含まれた input）を与えながら、まわりの人々とのコミュニケーションの中で意味の交渉をしながら、知識を獲得していき、言語能力も発達させていく。

　相互交渉主義者の一人、ロシアの心理学者である Vygotsky (1978) は、子どもの発達は学校教育が始まる前から既に始まっているのだという考え方を基に「発達の最近接領域（the zone of proximal development または略して ZPD)」という概念を提唱した。最近接領域とは、子どもが独力で問題解決できるレベルと教師や大人がヒントを与え、手助けをすることによってやり遂げることができるレベルとの間の領域を意味する。Vygotsky は、最初は大人やその子どもよりも知識が豊富な人の手助けにより対処できる問題も、いずれは独力で対処できるようになると考え、周りの人々からの手助けやコミュニケーションを通した意味交渉の経験がやがて子どもたちの認知能力の発達を促進することができるとし、この最近接領域の存在に注目した。RR の指導の最中にしばしば、RR 教員が prompts や cues を与え、できる限り児童の知っていること、日常生活の中にあることと結びつけながらテキスト理解を助けていく。児童のそのときの読みのレベルに適したテキストを選定して読ませ、読める

ようになってくると少し上のレベルのテキストに挑戦させ、児童の読みを助けながら、彼らの潜在能力を引き上げるのである。RRの指導は、まさしくこのVygotskyの最近接領域の考え方と共通している。

　英語圏で英語を主要語として学ぶ児童のための一対一の個人指導による読み書き回復プログラムが、日本の小学生の英語指導に示唆を与えるのだろうかという疑問を持つ人も多いであろう。しかし上記に述べたように、RRの教育理念、指導方針、指導方法、親子間のインタラクションを通して児童が習得する文化および社会的現象、また言語獲得理論との共通項から、RRプログラムと日本の小学校英語における効果的な指導法モデルとの接点が見えてくる。このような視点から、RRプログラムの指導理念と指導方法を、日本の風土に適した小学生のための英語指導へと応用することは十分検討に値すると考える。RRプログラムが、日本の小学校で英語を学び始める児童のための効果的な英語指導法モデルになる可能性があるならば、そのモデルを構築・実践し、効果を測る必要がある。

参考文献

Caudill, W. & Weinstein, H. (1969). Maternal care and infant behavior in Japan and America. *Psychiatry, 32*, 12-43.

Clancy, P. M. (1996). The Acquisition of communicative style in Japanese. In B. B. Schieffelin, & E. Ochs (Eds.), *Language socialization across cultures* (pp. 373-524). New York: Cambridge University Press.

Clay, M. M. (1991). *Becoming Literate: The Construction of Inner Control.* Auckland: Heinemann Education.

Fernald, A. & Midorikawa, H. (1993). Common themes and cultural variations in Japanese and American mothers' speech to infants. *Child Development, 64*, 637-356.

Minami, M. (2002). *Culture-specific language styles: The development of oral narrative and literacy.* Clevedon, UK: Multilingual Matters.

Vygotsky, L. S. (1978). *Mind in society: The development of higher psychological processes.* Cambridge, MA: Harvard University Press.

大堀壽夫（2004）「物語の構造と発達」大堀壽夫（編）『認知コニュニケーション論』大修館書店.
南　雅彦（2013）『言語と文化』くろしお出版.
文部科学省（2008）『小学校英語指導要領解説　外国語活動編』東洋館出版株式会社.

第3章

Reading Recovery Program と Literacy 教育の現状
―オーストラリア、ニュージーランド、カナダ、シンガポール―

1 オーストラリアとニュージーランド研修の目的

　RR プログラムについて調査するために、著者2名（小野、高梨）は2011年（平成23年）8月7日から23日の17日間、オーストラリア（シドニー）とニュージーランド（ダニーデン、オークランド）を訪れた。この研修では、まだ日本ではそれほど熟知されていないこの RR プログラムの指導方法と使用教材について学び、RR プログラムについてその実態を学ぶことを目的としていた。またこれらの国々の小学校の授業を参観して、それぞれのリテラシー教育構想と教育方針についての理解を深めることができた。

　8月9日のオーストラリアの研修では、Dr. Janice Farmer-Hailey (Psychologist, Consultant in Psychological Tests & Testing Australian Council for Educational Research)、Dr. Marian Power、Ms. Lydia Berger、Ms. Louise Green のご指導を受けることができた。ニュージーランドでは、RR トレーナーである Ms. Amy Fraser、オークランド大学教授であり RR トレーナーでもある Dr. Christine Boocock、Dr. Blair Koefoed のご指導のもと、RR プログラムについて学ぶことができた。下記は、研修中に滞在した小学校および RR 訓練センターである。

　8月7日－8月10日

　Australia, Sydney: Turramurra Reading Recovery Center (Turramurra Public School)

8月10日－8月16日

New Zealand, Dunedin: North East Valley Normal School, George Street Normal School, Tainui School

8月16日－8月23日

New Zealand, Auckland: New Windsor School, Freemans Bay Primary School, Oranga Primary School, the University of Auckland, Faculty of Education (Reading Recovery New Zealand)

2　オーストラリアにおけるLiteracyとReading Recovery

　オーストラリアでは、リテラシーをどのようにとらえているのだろうか。*Melboume Declaration on Educational Goals for Young Australians* (MCEETYA, 2008) によると、リテラシーは、児童が学習に成功するための重要なスキルであり、また児童が学習するあらゆる分野における成功の基礎として位置づけられている。それは学校の内外で行う学習やコミュニケーション活動を通して習得される。また、オーストラリアのカリキュラムでは、音声や活字、映像で表現されているテキストやデジタル型のテキストなどを聞き、読み、見て理解し、書く能力とともに、様々な状況の中で、異なった目的のために言葉を使うことのできる能力がリテラシーであると考えられている。

　RRは、1984年からNew South Wales (NSW) に設立されており、1996年からNSW州政府の支援を受けている。RRは、the South Australian Department for Education & Child Development (DECD)Early Years Literacy Programの一部であり、オーストラリアの小学校では、1年生児童の読み書き能力改善のための効果的な方法であると考えられている。そのためにRRプログラムをうまく活用するよう期待されている。既に多くの教員がDECDの学校でRR指導のための訓練を受けており、2003年には、Clapham (Sefton, NSW) にReading Recovery Centreが設立された。

3 Turramurra Reading Recovery Centre での研修

　下記は、オーストラリアのシドニーにある、Turramurra Reading Recovery Centre Turramurra Public School を訪問したときの研修記録である。そこでは、Dr. Janice Farmer-Hailey、Ms. Lydia Berger、Ms. Louise Green から NSW の公立小学校で行われている RR プログラムについて説明を受けた。なお、著者らが訪問した年は2011年の夏であったため、先方から提示されたデータは2009年から2010年のものとなっている。

〈オーストラリア、シドニーでのスケジュール〉

Aug. 8	Arrive in Sydney
Aug. 9	Turramurra Reading Recovery Centre Turramurra Public School (Kissing Point Road Turramurra)
10.30am	Arrive at school.
10.30am-12.00 p.m	Introduction to Reading Recovery in NSW (New South Wales) public schools
12.00pm-12.45pm	Lunch
12.45pm-1.00pm	Introduction to teacher training class
1.00pm-1.30pm	Observation of first Reading Recovery lesson behind one-way screen
1.30pm-2.00pm	Debriefing of first lesson observation
2.00pm-2.45 p.m	Observation of teacher training class discussion on teaching
2.45pm	Debriefing and final discussion of observations

　RR プログラムは、読み書きに躓いた小学校1年生児童を対象とした早期リテラシー教育のための介入プログラムである。RR の目的は、読み書きに躓いている1年生児童の能力を12週間から20週間かけて回復し、通常授業に十分ついていけるだけの能力を回復させるというものである。このプログラムは、以下に示すように、リサーチに基づいた介入プログラムである。

オーストラリアにおけるRRプログラムは、1996年に始まった（以下、Janice Farmer-Hailey氏によるプリゼンテーションの内容を要約したものである）。RRプログラムを実行するためにNSWの公立小学校では毎年500人の教員が必要とされている。1996年以来毎年、NSWの公立小学校のRRプログラムで訓練を受けた全児童の読み書き能力向上の様子についてデータが収集されている。これまでに84,968人の児童がRRプログラムを無事修了し、読み書き能力を回復している。NSWでは、プログラムを修了する児童の数が他の機関に比べて多い方である。例えば、2009年の記録ではカナダで70％、アメリカで75.2％、イギリスおよびアイルランドでは81％、ニュージーランドでは85.4％となっており、これらの数字とオーストラリアと比べると、2010年には84％の児童がプログラムを修了することから、オーストラリアのRRプログラムでの成功率が高いと言える。

　1996年以来オーストラリアでは、RRプログラムで訓練を受けている児童の読み書き学習（流暢さ、理解度、語の読み書き能力）は、3年生になるまで州や国レベルのテストにより測定され記録されている。2010年の国のデータによると、RRプログラムを修了できた89％のNSWの小学校3年生児童は、RR修了後2年経っても当該学年の読み書きレベルを維持しているか、またはそれ以上の能力を発揮していることがわかっている。

　2011年には、1,000の公立小学校で10,000人以上の児童がRRプログラムに参加している。国のリテラシー能力テストの結果、そのコミュニティーがどのような社会経済的な地位にあるか、英語を主要言語として使っていない児童およびアボリジニの児童の数というような要因が、RRプログラム設置基準となっている。

　RRプログラムの成功を支えているのが徹底した教員研修である。RR教員になるために、読み書き能力が最下位の児童をいかにして指導するか、その方法を学ぶために1年間の研修を受けることになっている。教員らは、隔週の割合で大学でのグループディスカッションに参加し、指

導過程にある児童の学習の様子を観察および分析し、最も効果的な指導を行う訓練をする。RRプログラムの児童は、1,153人のRR教員によって指導を受けているが、基本的な指導の流れがあり、教材や指導の焦点をどこに置くかなどに関しては、それぞれの児童に適した教え方を毎日行っている。RR教員研修は、NSWの教員研修所で単位が与えられ、80時間分の訓練コースが用意されている。RR教員の指導は、1年間の修士課程を修了したRRチューターによって行われる。

2009年と2010年のRRプログラムに参加したアボリジニの児童と英語をもう1つの言語として学んでいる児童の数はそれぞれ、2009年が9.5％と22.1％、2010年が9.2％と20.3％となっている。RR教員のもとで指導を受けている児童が、RRプログラムに費やしている時間は、2010年で平均59.3授業回数、14.7週であった。さらに1年生の終りまでにRRプログラムを修了した児童は、2010年のデータによると、教材レベルが18で、Burt Word Reading Test（RRの効果を検証するために使われているテストの一つ）が6.08から7.02点で、語彙テストが52点であった。

具体的には、RRプログラムで指導を受けたばかりの児童は、絵を見ながら"I am eating."といった単文を読むレベルから始めるが、学年の終り頃にはまとまった英文を読むことができるようになる。書く能力に関しては、指導を受け始めたばかりの時期には、"I woke My Dad up."といった英文を書いているが、学年末には、"At School I went to swimming and I did all sorts of things. Today I did diving and BoRa floating and a game. I like diving. I had a new teacher because I got better and better."のように、まとまった情報を英語で伝えられるようになっている。

RRプログラムのためにTurramurra Reading Recovery Centreで実施していることは主に次の5点である。
(1) 指導内容を可能な限り効果的にする。
(2) 各々の児童の個性や既存の知識に注目し、児童に適した指導をする。
(3) 児童の読み書き能力を多面的に評価する。
(4) 指導者間の協力体制を強化し、RRプログラムの指導理念に沿った

指導を行う。
(5) RR教員の指導技術を向上させるために研修を行う。

　(1)のためにRRプログラムでは、特別訓練を受けているRR教員と一対一の指導を行っている。語彙数や文の長さを調整するといった修正を加えていないテキスト (authentic texts) を使って教えている。児童の学習機会を最大限に増やすことのできる指導をすることが肝要であると考えられている。

　(2)に関してRRプログラムでは、roaming around the known（既知の事柄を基に未知の事柄を探る）という指導方針に基づき、各々の児童の毎日の学習の様子を記録した観察記録シートに沿って学習計画を立てる。特に教員による観察記録からの学習データは、毎日の学習状況に適した指導 (contingent / responsive teaching) を可能にする。さらに、一定の学習目標に到達することを念頭に置いた教育ではなく、あくまでも生徒が躓いている問題を解決し、能力を伸ばす助けを続けていく。

　(3)では、レベル別のテキストを使い、児童の読み書き能力を多面的に観察できるようなタスクを行い、指導をしながら児童の成長を測定し、各々の児童の能力向上のために適した指導を続けていくということである。

　(4)にあるように、小学校の学習支援ティームと会議を行い、そこで児童の学習状況についての情報を共有する。RRプログラムは、小学校でのリテラシー教育の一環として行っているリテラシー介入プログラムであり、特に読み書きレベルが下位に位置する児童については、RR教員だけでなく担任教員や他の教員と情報を共有し、児童の読み書き能力の向上のために協働する。

　(5)で述べられているように、RRプログラムでは読み書きに躓いている児童に対する指導の質的向上のためにRR教員の指導技術を磨くことに力を注いでいる。RR教員の資格を取ってからも、RRプログラムの児童を教え観察記録のつけ方を学ぶなど、それぞれのRR教員が半日の教員研修を20セッション参加するシステムになっている。また、RR

教員の資格を得たばかりの教員だけでなく、経験のある RR 教員に対しても、定期的に RR チューターから技術向上のための研修を受けることになっている。

　読み書き能力を改善するためには、児童の学習状況に常に注意を向け、どのような児童の学習状況にも対応できるように常に教員研修を行っていくことが重要なのである。定型の指導モデルに基づいた教育では RR プログラムは効果を発揮することはできないのである。

4　ニュージーランドの Reading Recovery

　RR プログラムは、ニュージーランド人教育者である Marie M. Clay によって開発された介入プログラムである。1976年から1977年にかけて、Clay はオークランド大学の同僚とともに、小学校入学後1年の段階で読み書きに躓いていると考えられる児童の言語能力について、幅広い観察と研究授業を通して試行錯誤しながら、リテラシー理論に基づきその児童の能力を回復するための指導プログラムを開発した。このプログラムの指導方法は、その後、研究と実験を重ね、観察記録の結果に基づき校正と改訂を重ねられている。1982年にはオークランドで初めての国家レベルの RR チューター訓練が開催され、以後ニュージーランドの国立 RR センター (the National Reading Recovery Centre) で RR チューターの訓練が行われるようになった。1983年には、ニュージーランド国内10か所の地区で RR プログラムが実施されるようになった。翌年には教育省で RR プログラムの効果測定をしてデータ分析がなされ、毎年報告書にまとめられるようになった。さらに1989年には RR トレーナーの最初の訓練が行われ、それ以来 RR トレーナーは上記の国立 RR センターにおいて訓練を受けることになっている。RR プログラムは、開発以来約40年の間、ニュージーランドを始めとしてオーストラリア、アメリカ、カナダなどの英語圏で効果を上げているが、その徹底した教員養成システムにより、Clay のリテラシー教育の考え方や指導理念は確

実に受け継がれている。

5 Reading Recovery とリテラシー教育
―Duniden と Auckland での研修―

ニュージーランドのダニーデンとオークランドでの RR 研修に参加して、校長先生、RR 教員、RR 教員チューター、RR トレーナーと交流することで、ニュージーランドの小学校におけるリテラシーの教育方針についても学ぶことができ、母語教育の授業を参観して、ニュージーランドの言語習得に関する考え方の理解を深めることができた。以下、その研修内容について説明する。

ダニーデンでの RR 指導方法についての研修

ダニーデンでは、RR トレーナーである Amy Fraser 氏に RR プログラムとその指導方法、教員教育についてご教授いただいた。下記の図は、Frazer 氏による RR プログラムの基本的な考え方についての説明を表している。

図 1. Reading Recovery Program の構成要素

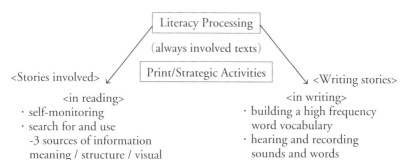

RR の考え方によるならば (Clay, 1991)、読み書きは聞き話す活動と同様に問題解決活動 (problem-solving activity) であり、読み書きによる書記

言語は、聞き話すことによる音声言語と脳内で結びつき、言語ネットワークを作り出す。そして、このネットワークにのった書記言語と音声言語は相互に影響し合い、新しいメッセージの理解を可能にしていく。この過程を literacy processing といい、このネットワークを構築し始める段階で、音声言語だけでなく書き言葉の習得が必要となる。書き言葉の習得のために、テキストを使ってアルファベット文字を理解する (always involved texts)。ここでどのようにしてアルファベットを発音し、言葉の意味を理解するのかを学ぶのである (print and strategic activities)。読む活動 (in reading) では、話を読んでいるとき児童が自分の読みの過程をモニターできること、意味、文構造、文字の形を理解できること、問題を解決し自分で読みの間違いを直すことができることを目的としている。一方、書く活動 (in writing) では、使用頻度の高い語彙を増やすこと、音声を聞いてその音を文字で表すこと、類似性に注目し既習知識から新しいことを学ぶことを目的としている。

　読み書き全体の過程では、常に話 (story) の形で与えられる状況 (context) での言葉の使い方に注目しながら、読み書き能力を回復していくことが RR プログラムの中核であることは図1から明らかである。RR 指導でよく使われているのが little books である。Little books とは、語彙数が100から200語程度の小さな本（kindergarten レベルの場合は100語以下であったりする）のことである。PM Story Books を始めとする RR 指導用の little books は各出版社から出版されているのだが、それぞれのレベルのテキストの内容は多種多様であり、RR 教員は児童の興味や必要性に応じてテキスト選定を柔軟に行うことができる。

　RR 指導用のテキストは、語彙数や話題、文型などによって番号や色を使ってレベル分けをしている。例えば Townsend Press の The King School Series の場合、kindergarten の1は青で2は薄茶色、Early First Grade の3、4、5、6はそれぞれ赤、薄紫、桃色、水色、Mid First Grade は4段階に分かれていて、7、8、9、10がそれぞれ黄緑色、赤茶色、山吹色、濃い紫色、Late First Grade の11、12、13、14が灰色、赤

色、黄土色、緑色となっている。また、Language Literacy のシリーズ本では、語彙数の他に Wonder Words introduced（紹介されている児童が何だろうと思うような不思議な語）、Wonder Words consolidated（まとめで紹介されている不思議な語）、Example questions（質問例）などが最初のページに載っている。Wonder Words introduced にある語は、本文の中では青字でハイライトされているため、児童の注意を引くのに役立っている。また、Clay (2000a and 2000b) が出版したテキストに"No Shoes"と"Follow me, Moon"があるが、これらは「文字」の概念について教えるという目的を持った絵本である。このテキストは、他の RR 用のテキストと同様に絵と文字によって表されているのだが、いくつかのページの文字が逆さまに書かれていたり、絵が逆さまになっていたりする。これは児童が読んでいるときにアルファベット文字の配列についての概念を持っているかどうか確かめるために書かれた。

　RR プログラムでは、テキスト選定は重要である。Clay (1991) によると、児童のテキスト理解を助け、書かれている内容に近づくことができるテキストの特徴として予測できるもの (predictable texts) を選定する必要がある。そのためには、児童の通常会話の中で使っている言葉（音声言語）に近い語で語られているテキストを読むことによって、既に聞いた内容であると児童が認識することを助け、内容について予測する能力を活性化させることができるというわけである。Clay (1991) はその指導方針の"roaming around the known"で、児童がどんなことを知っているのか探ることから指導が始まると主張しているが、このテキスト選定に際しても、聞いたことのある内容を題材としているテキスト (familiar texts) は、言葉の学習には不可欠なのである。後に話題とする prompts で、"Read like you are talking"という prompts がよく聞かれると説明しているが、上記の Clay の考えが反映された prompts であることがわかる。

　Clay (1991) は、児童の音声言語に近い言葉で書かれているテキストを、あらゆる文体のテキストが読めるようになるための足掛かりとなる

と考えている。そのため、RR指導で使われているlittle booksは、児童の話し言葉の多くの特徴を含み、様々な文体と語彙が含まれているテキストを理解できるように導くために役に立つと考えられている（Clayによると"to control the more formal usage and different frequencies of the language in books (p.191)"）。

DunidenのNorth East Valley Normal School、George Street Normal School、Tainui Schoolの3校の参観を通して、30分のRR訓練の様子を詳細に調査することができた。"Normal School"とは、教員教育の場を提供している学校である。ダニーデンのGeorge Street Normal Schoolでは、ダニーデンのほとんどの教員志望の学生が実習生として訓練を行うことになっている。

RRの指導は文字と音の関連を教えるタスクから始まる。英語という言語の特徴から、文字と発音が一致していない場合が多いため、英語を主要語として学ぶ児童はしばしばその理解ができないため、英語の読み書きで躓いてしまうと言われている。RRでは、phonicsを使って音韻認識指導を行っているのだが、厳密に言うとsynthetic phonicsとanalytic phonicsを使って指導している。Synthetic phonicsは、「組み立てて統合する」タイプのフォニックスである。RR指導の冒頭の文字と音韻認識練習では、音素をいくつか混ぜながら単語を作り、ホワイトボードと色分けしたアルファベット文字のついているマグネットを使って、音と文字の関係について教えていく。例えば、同じ文字の形を分けて整理させる。"Wake""make""take"の3つの単語を出して、最初の音を替えるとこの3つの単語ができることを理解させる。これに対し児童が"fake"と自分の知っている語を言うと、RR教員はその綴りを児童に作らせ、"ake"の前に"w""m""t""f"を付けて、"wake""make""take""fake"であることを示す。また、"top"の"t"を"m"と入れ替えて"mop"を提示する。"Tap"の"t"を"m"と入れ替えて"map"と文字を並べる。また大文字と小文字を教えるにもこの色のついたアルファベット文字のマグネットは便利である。この指導の際には、児童はニュージーラ

ンド英語の発音を正確に習得するよう指導されている。30分の指導の中で音韻認識指導は約3分程度である。

　次にテキストを児童に読ませる。児童は自宅で2、3冊のテキストを読んでくることになっている。語彙数や文の長さという点で児童のレベルに合ったテキストなのであるが、児童の身近でよく起こる内容を扱っているものや、児童の興味を引く内容である。児童が自宅でテキストを読む際には、保護者が聞いてあげるなどして学習のサポートをすることが望ましいのだが、読み方や書き方について教えることは要求されていない。褒めたり励ますことにより自主学習を促すことが保護者の役割なのである。

　RR指導を受ける児童は、当該学年の児童と比べて読み書きの力が低い児童ではあるが、その児童の間でもレベルの違いがある。例えば、読む力がかなり低い児童の場合、"Read it with your finger."と言いながら、児童がテキストを読む際に自分の指で文字を一つ一つ指しながら読むよう指導している。読むテキストレベルによって教員は加減をするのだが、少し読むことに慣れていると思われる児童の場合は、"Read it with your eyes."と言って、指を使うことを止めさせ、目でテキストの字を追いながら読むように導く。

　指導の場で読む際に躓いた場合には、RR教員はanalytic phonicsやpromptsを使って児童の読みを助ける。このようなテクニックはscaffoldingと呼ばれ、RR教員志望者のディスカッションでは、効果的なscaffoldingの方法について意見が交わされていた。例えば、読めない単語を音素ごとにRR教員が手拍子をして、音と文字の関係を意識させる。このように、読んでいるとき児童が躓くと、しばしばRR教員はanalytic phonicsを使って、単語の理解をさせる。

　音素認識の指導では他に、躓いた単語の始めの音に注目させて、"Say the first sound." "Say the sound of the letter." "Do you know a word that starts with these letters?"といったpromptsを使う。また、知っている語の音から推測させて、"It starts like *home*." "Home"はこの場合児童が知ってい

る語であるが、"h"から始まる語が読めなかった場合、このように知っている単語の知識を使って音を発音させる。

　児童に自らの読みの行動を振り替えさせるpromptsもある (Fountas and Pinnell, 2012)。"Why did you stop?" "What is wrong?" "Were you right?" "You said ---. Does that make sense?" "Does the word you said look like the word on the page?" などがある。"Look carefully and think about what you know." "What do you already know?" "Try it another way." "You can work that out." "Stop doing that. You can do this." などは、児童の既に知っていると思われる知識を引出し、児童の読みの行動に責任を持たせ、問題解決能力の養成を助ける。さらに、文構造の躓きを修正するためのpromptsには、"You said ---. Does that sound right?" "Would *makes* sound right?" がある。

　音読しているときの発音や抑揚に関するpromptsの中で、"Read like talking." "Make your voice sound like the character is talking." は指導の間よく聞くpromptsである。"Make your voice go up when you see the question mark." "Make your voice go down at the period." "Use emphasis when you see an exclamation point." "Make it sound like a story you listen to." といったpromptsは、児童のintonationへの注意を喚起するものである (Fountas and Pinnell, 2012)。

　実際にテキストを読む指導の時間は大よそ10分程度であるが、RR教員は、その中で前回の訓練の最後にchallenge bookとして新しく読んだテキストがどれだけ読めるか観察記録をつける。観察記録をつけるテキストをinstructional textと呼んでいる。このテキストを読んでいる最中は、RR教員は極力promptsやanalytic phonicsといった指導テクニックは控え、児童が自力でどれだけ読めるか記録をつけることに集中するのである。RRでは、テキストの難易度が重要視されており、児童の能力に合った適度なレベルのテキストを読むことによって、児童らの能力を回復できると考えている。

　読んだテキストの中からRR教員がkey sentenceを選び、短冊のよ

な形の紙にその文を書く。RR教員は児童とともに文を読みながら、児童の前で単語ごとに切って行く。切った単語を再び正しい語順に並べ替えるという cut-up story というタスクを行う。並べ替えた後は、自宅で並べ替えを繰り返し行うという宿題を出す。このタスクの所要時間約3分である。

　書く活動では、アルファベット文字を左から右へ書き、右端まで来たら次の行の左へ戻ってまた右へ向かって書くこと、文の最初の文字を大文字にすること、文の終りにはピリオドを打つことといった基本的な規則を教えることから始める。内容については、児童の身の回りに起きた出来事を話題として英語で表現させるよう指導する (personalization)。このタスクでは、児童が既に知っていることを英語で書く訓練をする。書くときに躓くとRR教員は文字を一つ一つ手拍子でたたき、文字と音素の関係を理解させる。例えば、B4の大きさほどの白いノートを用意し、「児童が学校に来る朝、家での出来事」について書くことにする。RR教員は、"What time did you get up? Did your mother wake you up?" というような質問を児童に投げかけ、文を書くように促す。わからない語があれば、手拍子をしながら analytic phonics で音と文字を一致させて理解させる。児童から朝何が起きたかを可能なだけたくさん思い出させて、"Then, what happened? What did you mother say?" といった prompts を入れながら、児童の話 (anecdote) を引出しその内容を書き続けるよう指導する。書くタスクの所要時間は、10分弱程度である。

　最後に新しいテキストをRR教員と児童が一緒に読む。ここで読むテキストは明日の instructional text になる。RR教員は、一緒に頁をめくり読みながら、"Look at this picture. What is he doing?" "Can the picture help you think about this part of the story?" "Think about what would make sense." "What would make sense, sound right, and look like that?" "How do you know it?" というように、イラストから意味を推測させる、ある場面について児童の知っていることと関連づけさせる、複数の情報源から内容を理解させるなど、テキストの意味の理解に焦点を合わせながら話の流

れに注目させるという読み方をする。このような指導により、児童は話の筋を理解し、挿絵と話の内容がどのようにつながっているかなどを考えるようになる (Fountas and Pinnell, 2012)。細かい言葉の意味や文構造についての指導は、一緒に読んでいるときに明らかに躓いていると思われる場所以外では、あまり行わない。このテキストは、challenge book と呼ばれているが、毎回の訓練の終わりには、児童の読み書きレベルを勘案し、児童の実力に適したテキストを選び challenge book とする。宿題として、これ以外に 2、3 冊自宅で読むためのテキストを児童のために選ぶ。この challenge book を読む時間は、約 3、4 分程度である。

　30分の RR 指導の中身は予想以上に濃いものであることがわかる。それぞれのタスクの流れを見ると、①音と文字の一致の理解、②テキストを読む、③ cut-up story で文構造の理解、④英語で書く、⑤ challenge book を読む、となっているが、どのタスクでも既知の知識を新しく修得する知識と結びつける "roaming around the known" の指導方針が反映されている。また、RR 教員は、指導の終わりには児童の読み書き能力の回復度を判定し、次の日の指導に向けて適切なテキストを選定しなければならない。日頃から訓練を重ねている RR 教員の指導技術が、30分間のタスクを効率よく行うことを可能にしていることも理解できた。

ニュージーランドのリテラシー教育

　ニュージーランドの小学校訪問では、リテラシー教育の実践の現場を視察することができた。ニュージーランドの小学校には、先住民族マオリ族だけでなく家庭で英語を主要言語として使用していない子供（彼らにとって英語は additional language である）が多く通っている。多民族多言語国家であるニュージーランドでは、学習者の知的および精神的発達の度合いだけでなく、文化的背景も一律ではないことを重視すべきという考えに立ち、各児童の個性を尊重することを教育の基本方針としている。お互いの違いを認めるというこの基本方針は、教育のあらゆる場に浸透していた。

オークランドで訪問したNew Windsor Schoolでは、児童の約70%が家庭で英語を主要言語として使っていない家庭出身であった。また、この学校ではマオリ語で小学校での勉強を行うというカリキュラムが併設されており、マオリ族出身の児童だけでなく、マオリ族ではない家庭の児童もそのカリキュラムでマオリ語とマオリの文化を学びながら小学校で勉強している。筆者が訪問した際には、マオリ語カリキュラムで学んでいる児童らが、マオリの踊りと歌を披露してくれた。下記の写真 (aとb) はその踊りの様子と教室に展示してあった児童の自画像である。

(a)
(b)

ニュージーランドでは、保護者の考え方の違いや様々な事情から入学を遅らせる場合もあるが、原則として5歳の誕生日を迎えると小学校に入学して勉強することができる。そのため、生まれ月の違いから幼少のころの認知能力の発達の度合いに多少の差が出ることや、家庭の文化背景の違いも考慮し、教員は児童の個性や能力に合ったカリキュラムで教えていく必要がある。New Windsor Schoolの先生方の話によると、この小学校では認知能力の発達度や興味によって児童をグループ別にして読み書き指導を行っている。また、1年生のときの先生が、学年ごとに代わるというのではなく、何年かの間同じグループの児童を教え続けることで、児童それぞれの個性や能力を理解し、その成長を見守りながら適切な指導が可能になるという。このような家庭的な協同学習は、児童の読み書き能力養成の足場 (scaffolding) づくりを助け、リテラシー教育の充実を実現することができている。このように密接な教員と児童の距離、

個性を重んじる丁寧な指導によって、教員はそれぞれの児童の能力向上を的確に判断することができ、テスト結果も参考にしながら進級の判断を行う。グループの中でも特別に能力の勝っている児童は、より進んだ学習をするクラスで学ぶことにより更にその能力を伸ばすことができるなど、学校は児童の能力と学習進度に対し柔軟な対応ができている。下記の写真 (c) は、教室の中でいくつかのグループに分かれて、プロジェクトに取り組んでいる児童の様子である。

児童の個性を重視する教育のもう一つの特徴として、児童の読み書き能力に合った教材を使う点があげられる。ニュージーランドの小学校では日本でいう文部科学省検定教科書はない (King, Jonson, Whitehead, and Reinken, 2003)。教員は、指導を通して児童の読解能力の習得度を観察し、毎月児童の読解能力を測る running record（観察記録）の結果に基づき、適切なレベルの教材を与える。出版社によって多少レベルの差はあるが、emergent、early reader、fluent reader といったレベル分けがなされ、それぞれのレベルが色で表されている。

ニュージーランドの小学校の授業を参観して気づいたことは、リテラシー教育の中でも特に読む活動に力を入れていることである。読むことによってアルファベット文字や英語という言語についての理解を深め、アウトプットを引き出す言葉の情報源となるからである。そして、この読む活動を中心として書く活動、音声言語と書記言語の養成を目指すリテラシー教育の実践の様子を見ることができた。

Guided reading は、リテラシー教育の中で行われている主要な活動であり、その目的は、教員の助言により学習者の読みを助け (scaffolding)、いずれは学習者が自分の力で読解できるように導くことである (New Zealand Ministry of Education, New Zealand, 2005, p.5)。教員は小グループの児童に教材を紹介し、読む目的（児童の現在の読みの能力とこれからどのような能力を習得すべきか分析して決める）を設定する。その小グループの児童に適した教材を選び、その教材を読みながら計画したタスクを行い、内容について話合う中で、内容についての児童の考えを引き出すなどして児童が使っている読みの方略を把握し、教材の理解を助けていく (New Zealand Ministry of Education, New Zealand, 2005)。Guided reading で行われるタスクには、例えば filling in KWL charts や making semantic webs がある (ibid.)。Filling in KWL charts は、ある話題について知っていること (what we Know)、答えてほしい質問 (what we Want to know)、また学んだこと (what we've Learned) について表にまとめる活動である（下線は原著者のものである）。Making semantic webs では、児童が注目すべき概念を読み取るために、その概念を引き出す語や句をあげさせ、その概念を構築していくという活動である。

　学期の最初の数週間に、児童が自主的に行うタスク計画が提示されており、教員が一つの小グループで guided reading をしている間は、他のグループの児童はそれぞれのタスクを各自で行うこと (independent reading tasks) になっている。例えば、research reading や shared reading がある。Research reading は、インターネットによるリサーチに加えて、カリキュラムの中の他の授業で扱っている話題について質問する、情報を集める、ノートをつけ、得た情報をグラフなどにして表すなどのタスクを行う。Shared reading は読解力をつけるためにしばしば行われる活動である。教員は、guided reading のようにある教材をグループの児童に紹介して、読む目的を設定し内容について考えさせながら読み、次の日には同じ教材をグループ、ペア、または一人で読ませる。このようにして何回も同じ教材を読むことにより、頻度の高い語の記憶が促進され、

読解力が身につき、流暢に読む能力が養われる。このような guided reading 活動を通して習得した文法や語彙の知識は、writing 活動やカリキュラムの中の他教科の授業にも役立つ言語力となる。

　読み聞かせも定期的に行われている活動である。オークランドの Freemans Bay Primary School では、週に何回か校長先生の Ms. Sandra Jenkins が 1 年生の児童を集めて読み聞かせをしている。児童は、校長先生の周りに集まり、絵を見ながら話を聞くのだが、内容に沿って先生から質問され、児童が答えるといった interaction があり、児童は読む活動を楽しんでいた。

　オークランドの New Windsor School を訪問したときに、その週に行われていた「読書週間 (The Book Week)」を参観することができた。これも児童が自主的に読み書き活動を行う時間を設けるというリテラシー教育の一環である。この週は通常の授業は行わない。児童は自主的に選んだ本の内容を題材として、個人として、または協同でプロジェクトに取り組み、作品を発表するのである。次のページの写真 (d) と (e) は、その様子を表している。訪問したどこの小学校でも、このように児童の作品を教室に展示してあった。このように児童の作品を教室内外で披露することにより、教室の環境が和やかになり、児童にとっては今後の学習の動機を高め、挑戦することを促し、さらに作品を創作するよう励ます効果があるようである (New Zealand Ministry of Education, New Zealand, 2005)。また教員側でもそれぞれの児童の個性や能力について理解する好機となると考えられている。

(d)  (e)

　この度のニュージーランドの小学校訪問で興味深い指導方法として、「心の習慣」"Habits of Mind"を、カリキュラムを横断する教材として使っていることであった。「心の習慣」は、Arthur L. Costa と Bena Kallick によって書かれた "Habits of Mind Across the Curriculum (2009)" にある16項目の生きていくために必要な心得を集めたものである。その16項目は、1) Persisting、2) Listening with understanding and empathy、3) Thinking about your thinking (metacognition)、4) Questioning and posing problems、5) Thinking and communicating with clarity and precision、6) Creating, imagining, and innovating、7) Taking responsible risks、8) Thinking interdependently、9) Managing impulsivity、10) Thinking flexibly、11) Striving for accuracy、12) Applying past knowledge to new situations、13) Gathering data through all senses、14) Responding with wonderment and awe、15) Finding humor、16) Remaining open to continuous learning となっている。小学生にわかりやすくするために、次のページの写真 (f～k) のように易しい言葉にして、教室の内外に貼り、授業でもこれらの言葉について考えさせる活動を行っていた。この「心の習慣」は、ニュージーランドを始め、オーストラリア、シンガポール、英国、香港の小学校でもカリキュラムの中で扱われている。「問題解決能力の養成」「ユーモアの心を持つこと」「やり遂げること」「過去の経験を新しい状況に適応させる」などそれぞれの国でどのような国民を育成しようとしているのか、リテラシー教育の目標が見えてくる。また、読み書きに躓いた児童の能

力を回復する目的を持つRR指導でもこれらの目標を共有しているようである。

(f)

(g)

(h)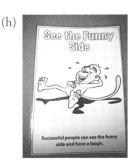

(i)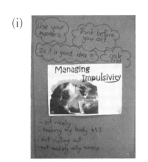

(j)

(k)

　このオーストラリア・ニュージーランドの小学校およびRRプログラムとリテラシー教育の現場の参観を通して、日本の小学校での英語教育へ示唆を得ることができた。
①言語学習は、コンテクスト（文脈、状況）の中で行われる。
　様々なコンテクストを提示しているテキストを読み、内容について討論し、その内容に関連した話題について書くというプロセスは、児童の言語経験を豊かにし、言語習得を助ける。また、教員や他の児童との意見交換によって児童が知的刺激を受け、語彙や表現方法を増やすことができる。
②読むことは、音声言語から書記言語養成のための橋渡しとなる。
　理論的にも、読むことは、テキストから意味を読み取り、内容理解の

ために意味を構築していく過程であると言われている。テキストの内容理解を目的とする様々なタスクを通して、音声によって、また文字を使ってアウトプットすることで、話す、聞く、書く能力を養成することができる。

また、読むことを他のスキルの養成につなげるためには、児童の能力に適したテキストを選ぶことが重要である。RR指導で使われるlittle booksは英語表現が児童の話し言葉に近いものである。児童は話し言葉に近い言語で書かれているテキストを読み慣れることにより、書き言葉の文字の形、音声、意味の理解を深め、次第に書記言語を習得していく。英語を外国語として学ぶ児童の場合も、音声によるコミュニケーションの機会を持ちながら、コミュニケーションをする中で使われている表現や言葉が書かれているテキストを読む必要がある。そのテキストを読む際に語彙の形、音声、意味の理解を助ける指導を行い、音声言語から書記言語の理解へと導くことができる。児童の既有の知識に注目しながらも、このような観点を盛り込みながら、テキスト選定について思量を重ねる必要がある。

③児童の言語能力を高めるために、小グループ活動の工夫が必要である。

小グループは構成員同士のコミュニケーションが取りやすく、活動としてもまとまりやすい、各々の児童の興味や関心に適した指導ができる、指導者の注意が行き届くなどの理由から、大人数に対し同じタスクを一斉に行うよりも学習効果があがる。小グループの児童が活動しやすいタスクを考案する必要がある。

④児童の既習知識は、学習を助ける。

テキストを読む場合も、文字によって何かを表現する場合も、児童が知っていることや経験していることを新しく学習する事項に関連づけながら指導していくことが効果的である。

⑤児童についての知識は、学習指導に必要である。

児童の言語能力や認知能力、興味や関心事について教員が把握していることによって、テキストの選定、タスクの作成に工夫を加えることが

できるため、より効率的な指導が可能になる。

6 カナダの Literacy 教育と Reading Recovery®

　カナダでは国民の literacy が社会問題となっており、16歳以上の成人のほぼ半分の人（48％）は、low literacy skills（literacy level 3 よりも下）であるといわれている (Canadian Council on Learning, 2008)。そしてより深刻な問題は、これらの low literacy skills を持っていると考えられる成人の数が2031年まで変わらないであろうと予想されていることである。つまり、移民などによる人口増加の速度より、literacy skills の回復の速度が遅いというわけである。

　Literacy の定義は様々であるが、ここでいう literacy は、人々が何かの目的を達成し、知識や能力を発展させていくために、家庭や職場、地域社会での生活の中で、文字で書かれている情報を理解し、それを使うことのできる能力を意味する (Canadian Council on Learning, 2008)。また、literacy level 3 より下の low literacy skills とは、IALSS（国際成人リテラシースキル調査：International Adult Literacy Skills Survey）が国籍、言語、文化の違いを超えて比較するために決めた基準による。この IALSS の基準に基づく level 3 より低いレベルとは、先進国において日常生活や仕事に必要な読み書き能力が不足し、高等学校を卒業および大学に入学できる程度の読み書き能力を持っていないことを意味する。カナダでは、そのレベルに達していない人の数が減少する見込みが少ないということである (Reading the Future-planning to meet Canada's future literacy needs, 2014)。このような状況には社会経済的要因（国民の間の収入格差、コミュニティーへの参加度の違い、健康不良のための不就労など）が関わっていると言われているが、これらの low literacy level の人々の学習の障害となっている要因の究明、彼らの学習を助けるために必要とされるものを特定するための literacy プロジェクトの調査結果の分析やそれらを統合することを目的とした組織としてカナダ協議会 (the Canadian

Council on Learning; CCL) がある。Literacy level の低い成人の数が減少することによって、長期的にカナダの国としての総生産量が増加することにつながり、国家が繁栄していくと考えられており、カナダの学習状況や literacy についての調査結果や literacy プロジェクトの効果については Reading the Future-planning to meet Canada's future literacy needs の中で報告されている。

　カナダでは、英語とフランス語による読み書き能力の習得が要求される中、近年増加しつつある移民の数とともに、小学校レベルでも literacy 教育の充実は喫緊の課題となっている。そのような状況下、英語とフランス語のいずれかを主要言語とする児童の場合でも、RR®は効果的な読み書き回復プログラムとなっている。1987年にオンタリオとノヴァ・スコッティア州で最初に行われ、カナダ全土に伝わった。RR®の右肩についている「®」は、RR の発案者である Marie Clay が1992年に the Canadian Institute of Reading Recovery®(CIRR®) に対し、カナダで Reading Recovery という名称の使用許可を与えた印である。カナダでは Reading Recovery という名称には必ず「®」が付いている。

　著者2名が研修で訪れたオンタリオ州ヨーク地区 (York District) での RR®の効果について資料がある。2009年から2010年にかけて行われたヨーク地区の RR®プログラムを修了した89%の児童が1年生の6月までに、学年相当またはそれ以上の読み書きレベルに到達することができたと報告されている (York Region District School Board, 2009-2010)。ヨーク地区の英語の学校の小学1年生で PM Benchmark kit（読みの能力を測定するものである。これに沿って RR®で使われているテキストでは little books の"PM Books"などがある）で学年相当またはそれ以上の読みの力があると測定された児童の中で、18%が RR®指導を受けており、彼らは RR®指導を受ける前はクラスで最下位の児童であった (York Region District School Board, 2009-2010)。さらに RR®プログラムに参加した児童の80%から89%は、その学年の終わりまでに読み書き能力を回復しており、RR®プログラムを無事修了した児童の75%から85%は、

3年生までにレベル1から抜け出ることができている (York Region District School Board, 2009-2010)。この報告書によると、RR® プログラム以外の介入プログラム（Accelerated Reader や Success for All など読み書き能力が遅れている児童を訓練するためのプログラムは他にもある）に比べると、RR® プログラムほど、1年生の終りまでにその学年相当のレベルにまで読み書き能力を伸ばすことのできるプログラムはないとしている。

さらにカナダの RR® でも、読み書きに躓いている児童の能力改善を助ける RR® 教員や RR® リーダー研修が充実している。ヨーク地区ではこれまでに540名の RR® 教員を養成してきた (York Region District School Board, 2009-2010)。教育の質向上のために、RR® 教員の指導技術向上に投資することを重視している。

7　教員研修から学ぶ Reading Recovery® Program
―Canada（Ontario, Toronto での研修）―

RR® プログラムの調査で興味深い点の一つは、RR® 教員、RR® リーダー（ニュージーランドとオーストラリアでは RR® 教員チューターと呼ばれている）研修である。著者2名（小野、髙梨）は、平成24年10月のトロントの Canadian Institute of Reading Recovery® (CIRR®) Central Division Office のコーディネーターであり RR® トレーナーでもある Janice Van Dyke 氏を訪ね、RR® 教員および RR® リーダー研修を視察した。研修後には Dyke 氏と研修中の RR® 教員（RR® リーダー候補生）と意見交換の場も与えられ、言語教育における教員研修の重要性について理解を深めることができた。

RR® プログラムには、RR® 教員になるための教員研修と RR® 教員のための教員研修があり、それぞれの教員を teachers in training と trained teachers と区別している。いずれの研修でも Clay の著書 "An Observation Survey of Early Literacy Achievement (Clay, 2005a)、" "Literacy Lessons

Designed for Individuals Part One (Clay, 2005b),""Literacy Lessons Designed for Individuals Part Two (Clay, 2005c)"を教科書として使い、emergent literacyの理解を基に、roaming around the knownの指導理念をいかに実践の指導の場で生かすかについてRR®リーダーによる研修が続けられている。RR®教員候補生もRR®教員と同じようにRR®指導を経験しながら資格をとることになっているので、これらの研修ではClayが提示している指導テクニックだけでなく、実際にRR®教員が使っている指導方法の効果、指導上の問題点、自ら試した効果的なpromptsやrecastingなどの指導法について活発な意見交換が行われている。

　RR®教員になるための (teachers in training) 研修においてもRR®教員のための (trained teachers) 研修、さらにRR®リーダーになるための研修においても、中心となる話題の一つは児童の読解能力を測定するための観察記録のつけ方とテキストのレベルおよびRR®指導を修了する際の判断基準についてであった。RR®プログラムでは、児童の読解力を測定するために観察記録を使っている。観察記録は、RR®教員が文字の形 (visual factor)、語の意味理解 (meaning)、文型規則 (structure) に関する理解の確認という観点から読みの力を判定するというものである。児童が読んでいる間に躓いている箇所について、その躓きが目で見て文字を認識しそこなったのか、意味がわからなかったのか、形態素など文法構造の知識不足だったのかなど、児童の読みにおける躓きの原因の見極め方に関する疑問が多く出ていた。RR®リーダーの記録のつけ方をお手本として、参加したRR®教員候補生や研修を受けているRR®教員は適切な観察記録のつけ方を学ぶのであった。One-way screenで実際にRR®教員が児童を訓練している様子を観察しながら、このようなRR®リーダーと指導方法と観察記録のつけ方について行うディスカッションへの参加は貴重な経験となった。

　また、RR®プログラムを支えている教育方針であるroaming around the knownをいかにして実践していくかについても研修参加者の間で話し合われていた。Roaming around the knownとは、児童の関心事や好き

なこと、家庭での出来事など身近に起きていることなどを話題にしながら、新しく学ぶ事柄と関連づけながら言語習得につなげていくことが児童の言語能力の回復に助けになるという考え方である。One-way screen の片側から RR® の指導の様子を観察している間、RR® リーダーは、どのように児童の知っていることや興味のあることを聞きだしているか質問したり、読み書きの活動だけでなく、訓練の最初によく行われるフォニックス指導でも児童の身近にある語とテキストで学んだ新出語と結び付けて意味を教えている様子に注目させるなどの場面が見られた（実際にどのような prompts を与えるかは第 3 章の 5 を参照）。

8　シンガポールの Canadian International School での研修
―International Mindedness（国際理解）の探求と英語学習―

　著者 3 名は、平成26年 2 月14日に、シンガポールにある The International Baccalaureate（以下 IB と略す）で、World School である Canadian International School（以下 CIS と略す）の小学校（Primary Years Programme といい、以下 PYP と略す）の ESL クラスの授業参観を行った。児童の使う主要言語は様々なので、ESL クラスでは他教科の授業を英語で受講できるように英語の運用能力を高めるための指導が行われている。また、CIS では、International Mindedness を教育の目標に掲げ、全ての学年の教育を通して、異なる文化の存在を認識し、異なる文化背景を持っている人々との相互理解を深め、世界秩序を守るために各々が責任を持った地球市民であるという意識を育成していく教育を目指している。日本の小学校外国語活動の学習指導要領の中にも、国際理解教育の一環としての英語教育を実験的に導入するという考えに基づき、「日本と外国との生活、習慣、行事などの違いを知り、多様なものの見方や考え方があることに気付くこと (p.12)」、「異なる文化をもつ人々との交流等を体験し、文化等に対する理解を深めること (p.12)」とある。International Mindedness という目標を CIS の PYP が実際のカリキュラムの中でどのように具体化して

いるのか、授業参観を通して、日本の小学校で応用できる「国際理解」の育成方法に示唆を得られるのではないかと考えた。

　この学校は1990年にシンガポールに設立され、カナダの教育制度に基づくIB World School として、IBの小学校（Primary Years Programme といい、3歳から12歳のまで<Grade1-6>の生徒が対象となっている）、中学校（Middle Years Programme といい、13歳から16歳まで<Grade7-10>の生徒を対象とする）、Diploma Programme（DPといい、2年間のカリキュラムで17歳から18歳までの学生を対象としている）がある。このDiploma Programme は、世界中の大学から評価が高く、2013年のクラスはIBスコアが平均33.4で96.15%の大学合格率であった。これは世界のIB校の平均スコアが29.1で、合格率が78.54%であることからも明らかである(CIS IB Primary Years Programme Overview)。CISの卒業生は、アメリカ、カナダを始め他の国の大学を受験する資格を与えられ、日本の大学に対しても日本の高等学校卒業程度認定試験を受けずに、受験することができる。

　CISでは、国際感覚を身につけた学習者を育てることを目標としており、理想的なIB学習者は1) 世の中のあらゆることに好奇心を抱き、2) 問題を自分で解決し、3) 母語以外の言語で考え意思伝達することができ、4) 新しいことに挑戦する意欲を持ち、5) 知識を増やし、6) 公平で素直であるといった道徳心を備え、7) 人々に思いやりのある、8) 人々や文化の違いを受け入れ、9) 心身とも健康で、10) 自分の強みも弱みも認めることのできる人間であってほしいと願っている (CIS IB Primary Years Programme Overview)。英語では上記のIB Learner Profile（IB World School が理想とする学習者像）は、1) Inquirers、2) Thinkers、3) Communicators、4) Risk-Takers、5) Knowledgeable、6) Principled、7) Caring、8) Open-Minded、9) Balanced、10) Reflective となっているが、これらはニュージーランドやオーストラリアの小学校でカリキュラム横断的に扱っている"Habits of Mind Across the Curriculum"の内容と共通する部分が多く、英語圏の学校がliteracy教育を通してどのような人材

を育成しようとしているかがさらに明確になった。

　CIS の PYP の授業では、language A (English)、mathematics、social studies and science、additional language（Grade1 から 6 の児童は，フランス語か北京語を選択する）、the arts (visual arts、drama、music and dance)、physical education、technology という 7 つの科目を履修することになっている。CIS の特徴として、カリキュラムの中で科目（英語だけでなく、社会科学、算数などの）を横断し (transdisciplinary themes)、児童は学年が上がるごとに下記の 6 つのテーマについて、異なる分野から考察を重ね、多岐にわたる分野での学習経験を積みながら、複眼的に物事を理解し、考えることのできる児童、自分の可能性に挑戦しようとする児童の育成を目指している点があげられる (CIS IB Primary Years Pro-gramme Overview)。その 6 つのテーマは下記の通りである。

1. How We Express Ourselves
2. Who We Are
3. How We Organize Ourselves
4. Where We Are in Places and Time
5. How the World Works
6. Sharing the Planet

　CIS の PYP に通っている児童が通常の授業を英語で勉強することができるように英語を集中的に訓練している。まだ英語の理解が不十分である児童に対しては、挿絵の入ったテキストを読む、絵や記号を使ってアルファベット文字と音素の関係に注目させるという指導を行っていた。教室内に貼ってある生活環境図 (environmental prints) には、アルファベット文字と音素についての表や、英語の言葉の意味と文字についての図が貼られている。また、国際理解教育の一環として様々な国の文化を代表する物（例えば、日本の陶器、オーストラリアのアボリジニによって描かれた絵等）が教室内に展示されており、教員は授業の中でそれらを使って外国の文化について児童に紹介している。英語を使ってプロジェクトに参加しながら、上記 6 つのテーマも教室内に掲示してあるが、こ

のテーマから目標を選び、英語によるプロジェクトに組み込んでいく。例えば、"How we express ourselves"というテーマに基づくならば、児童はそれぞれ自分の文化を代表し、クラスメートに英語でその文化の側面だと考えられるものを発表する。英語の授業を始め、それぞれの科目で共通してこの6つのテーマを意識しながら学ぶことにより、児童はCISでの学校生活を通して常に様々な視点からこのテーマについて考えるようになっていくのである。

　一方教員側は、essential elementsといった視点を共有しながら指導を行っている(CIS IB Primary Years Programme Overview)。1) Concepts: "What do we want students to understand?" 2) Knowledge: "What do we want students to know about?" 3) Skills: "What do we want students to be able to do?" 4) Attitudes: "What do we want students to value?" 5) Action: "How do we want students to act?" このようにCISでは、International Mindednessという教育目標を掲げ、横断的なカリキュラムのもと、具体的な指導方法や指導方針を教員や保護者との間で共有しながら、国際理解教育を行っている。

　CISのPYPの授業参観は1日という短いものであったが、英語指導を通して国際理解教育の在り方だけでなく、小学校での語学教育がカリキュラム全体の中でどのような位置づけになりうるのかについても示唆を得ることができた。日本の小学校でも国際理解を助ける外国語活動を目標にしているが、カリキュラムを通してどのように国際理解を助ける英語活動を取り入れていくか考える必要があるのではないだろうか。今の段階では英語は「科目」にはなっていないが、英語だけで国際理解教育をするのではなく、他の科目と連携しながら小学校のカリキュラムに取り入れていく必要がある。日本の小学校課程の外国語活動の中で、日本と他の文化との違いに気づき、それを理解し、それについて自分の考えを発信していくためには、担任とALTとの協力による授業運営、国際理解について考えさせることのできる教材の提供、英語以外の科目との内容的な連携を工夫するが必要があり、さらに他校種との連携に際し

ても、この CIS の PYP の指導方法は参考になる。

9　海外研修のまとめ

およそ 2 年間にわたりオーストラリア、ニュージーランド、カナダの RR プログラムの訓練と RR 教員研修に参加することで、RR プログラムがなぜ効果を発揮しているのかを理解することができた。それまで Marie Clay の執筆した書籍や論文を読み、ネット上で公開されているそれぞれの国の RR センターからの情報を調べることで、既に十分であると思われる知識を得ることができたと考えていたが、実際の研修に参加し、RR 教員のための訓練を受けている教員や、教員研修を受けて研鑽を積んでいる現役の RR 教員に話を聞くことは大変有意義であった。

1980年代にニュージーランド人教育者である Clay が RR を開発して以来、児童の読み書き教育についての彼女の考え方や指導理念が他の国での RR プログラムへと受け継がれてきた理由は、徹底的に教員研修が繰り返されてきているからであろう。また、RR プログラムの指導過程を分析すると、テキストを使って常に context を与えながら、top-down processing と bottom-up processing の両方からテキストを理解させ、読むことと書くことを繰り返しながら、単語の音と文字と意味の関係を理解させるといったように、その指導メニューには基本的な語学学習の考え方が全て含まれている。英語が外国語として学習されているという日本の事情を考慮しながらも、RR 教員研修の在り方や RR プログラムの指導法は、日本の小学校英語の指導方法モデル開発に有益な情報を提供してくれるのではないかと考えられる。

また、小学校での外国語活動の指導を考える際に、他の教科および中学校での授業との連携も視野に入れて考える必要がある。小学校で教える英語の授業内容は当然、中学校での文字を導入した英語指導へとつながるのであるから、カリキュラムにおける位置づけという視点からも考えてみる。そこでシンガポールの CIS の小学校で参観した授業から大

いに学ぶことがあった。8で説明しているように、CIS は IB World School であるという特殊な教育環境の中での英語の指導を行っている。CIS では、「国際感覚を身につける」と日本語に訳すことができると思われる"International Mindedness"を教育のスローガンとしながら、「地球市民としての責任を意識することのできる人材を育成する」といった目標を掲げている。そのような考えのもと、国際理解教育がどんなふうに実践されているか、設定したカリキュラムに共通する6つのテーマに沿って、小学校から高等学校まで横断的カリキュラム (transdisciplinary curriculum) の中で、文化の違いに気づき理解しなら、複眼的な視点を養い、自分の意見を発信していく積極的かつ挑戦する意欲的な児童の育成を目指す、その具体的な指導の様子を参観することができた。

　さらに、CIS でも、教員同士の意見交換や研修が重要であることが確認できた。前述にあるように、指導に関して5つの essential elements があり、教員は生徒に何を教えたいのか明確な視座のもとに指導を行っている。新しい学期が始まる前には、教員はそれぞれの学年ごとに6つのテーマに沿って、何をどう教えるか話し合いの時間を十分に持つことにしているとのことであった。授業を行う前に十分その指導内容について教員同士で話し合うことが肝要なのである。早期英語教育と中学校英語指導と連携するにあたり、この2校種にも共通した指導方針が必要なのではないかと考える。

＊本章のオーストラリア・ニュージーランド研修およびカナダ（オンタリオ州トロント）研修の内容の一部は、これらの研修が平成23年から2年間成蹊大学研究助成（研究課題：『リーディング・リカバリー・プログラムの理論を日本の早期英語教育へ応用する方法の模索』）を受けて行われたため、成蹊英語英文学研究第16号 (pp.53-70)「オーストラリア・ニュージーランドにおけるリテラシー教育と Reading Recovery〈2011年オーストラリア・ニュージーランド研修報告〉」と成蹊大学文学部紀要第48号 (pp.177-190)「"Roaming around the Known"カナダにおける Reading Recovery Program®

教員研修から学ぶ〈2012年カナダ（オンタリオ州トロント RR® プログラム）研修報告〉〉に報告書として掲載したことをお断りしておく。

参考文献

Canadian Council on Learning. (2008). *Reading the Future Planning to meet Canada's future literacy needs.* Ottawa: Ontario.

Canadian International School Primary Year Programme (PYP) Overview. IB Primary Years Programme.
Retrieved February 18, 2014 from http://www.cis.edu.sg/page.cfm?p=417.

Clay, M. M. (1991). *Becoming Literate: The Construction of Inner Control.* Birkenhead, Auckland: Heinemann Education.

Clay, M. M. (2000a). *No Shoes.* North Shore: Heinemann Education.

Clay, M. M. (2000b). *Follow Me, Moon.* North Shore: Heinemann Education.

Clay, M. M. (2005a). *An Observation Survey of Early Literacy Achievement.* North Shore: Heinemann Education.

Clay, M. M. (2005b). *Literacy Lessons Designed for Individuals Part One Why? When? And How?* Portsmouth: Heinemann Education. Achievement. North Shore: Heinemann Education.

Clay, M. M. (2005c). *Literacy Lessons Designed for Individuals Part Twoe Teaching Procedures* North Shore: Heinemann Education.

Costa, A. L. and Kallick, B (Eds.). (2009). *Habits of Mind Across the Curriculum.* Alexandria: the Association for Supervision and Curriculum Development (ASCD).

Fountas, I. C. and Pinnell, G. S. (2012). *Prompting Guide Part 1 for Oral reading and Early Writing.* Portsmouth: Heinemann.

King, C. M., Jonson, K., Whitehead, D., and Reinken, B. J. (2003). Glimpses of Literacy Education in New Zealand.
Retrieved September 7, 2016 from files.eric.ed.gov/fulltext/ED474067.pdf.

Ministerial Council on Education, Employment, Training and Young Affairs. (2008). Melbourne Declaration on Educational Goals for Young Australians.
Retrieved August 22, 2014 from
http://www.curriculum.edu.au/verve/_resources/National_Declaration_on_the_Educational_Goals_for_Young_Australians.pdf#search=%27Melbourne+Declaration+on+educationla+goals+for+young+australians%27.

New Zealand Ministry of Education. (2005). *Guided Reading Year 5 to 8*. Wellington: Ministry of Education.

Reading the Future. Levels of literacy.
Retrieved August 19, 2014 from
http://www.ccl-cca.ca/CCL/Reports?ReadingFuture?LiteracyLevels.html.

York Region District School Board. (2009-2010). Reading Recovery® Changing Futures-What is Possible? Annual Site Report 2009-2010.
Retrieved August 22, 2014 from www.yrdsb.ca/rrsitereport2009-10.pdf.

第4章

日本の小学校英語教育への示唆

　幼少の頃、外国で暮らすなど母語が話されていない環境で生活したことのある児童は、大人になってから外国で暮らすようになる人よりも滞在地で話されている言語の習得が速く、特に音声面では母語話者に近い発音を習得するという話をよく聞く。このように、いわゆる"The younger, the better"といった幼少の頃から始める言語学習の意義を支持する立場としてしばしば出てくる説に臨界期仮説(the Critical Period Hypothesis)がある。その根拠となる研究として1970年代のLennebergの失語症患者の母語回復についての研究がある。事故や病気で失語症になってしまった患者が何歳までにその能力を回復しうるか調査したものであるが、その結果、その回復度は失語症発症年齢が12歳から13歳であるかどうかが境目になるということである。Lenneberg (1967)の研究結果に刺激を受け、その後、言語習得の分野では年齢と言語習得の関係についての調査が多数行われ、この臨界期説が日本における小学校英語教育賛成派が掲げる主な理論的背景の一つにもなっている。

　Lenneberg (1967)の主張は、言語習得や英語教育の研究に対し影響力が大きく、その中でも代表的な研究として言語習得における臨界期の存在を示唆する調査がある。米国に移住した韓国語話者と中国語話者の移住したときの年齢と滞在期間、および彼らの文法能力との関係を調査したJohnson and Newport (1989)の研究はよく知られている。この研究で示唆されているように、目標言語が母語として話されている地に移住した年限よりも、移住したときの年齢が若いほど習得レベルが高いという

ものがある。16歳以前に移住した人は、移住した年齢と文法知識の習得度に負の相関があるが、それ以降に移住した人の場合は相関がなかったことや、特に3歳から7歳までの間に移住した人は目標言語の母語話者と比べてその能力に差はなかったと報告している。Jonson and Newport (1989) を含むいくつかの研究から、第2言語習得にも臨界期があるのではないかと考えられている。

しかし、臨界期の存在は必ずしも支持されたわけではなかった。Snow & Hoefnagel-Höhle (1978) の研究は、Lenneberg (1967) の主張が言語習得論として説得力があるか否かを確かめる目的で行われた。オランダ在住の英語母語話者の中で、滞在期間の長い被験者（18か月）を上級者とし、滞在したばかりの被験者を初級者として1年間にわたり調査した。被験者は年齢別に5つのグループに分類され（3歳から15歳までを4グループに分け、5グループ目を成人グループとした）、1) 発音、音素認識、文を復唱する音声面の習得を測るテスト、2) 音を聞いて、それを表す絵を選ぶという聴覚テスト、3) 文法形態素、4) 文の翻訳力、5) 長い文や複雑な文を繰り返すテスト、6) 文の適切性を判断する能力を測るテスト、7) Peabody Picture Vocabulary test を使った語彙テスト、8) 聞いたテキストを retelling することにより話の理解力を試すテスト、9) 英語とオランダ語で、絵の内容について retelling する能力を測るテストを使って年齢と習得度についての実験を行った。この実験は、若年の被験者に不利にならないよう配慮されていた。その実験結果では、思春期の児童（8歳から15歳）が最も習熟度が高く、年齢が低いほど目標言語の習熟度が高くなるという仮説を検証する結果にはならなかった。

また、第2言語習得といっても言語の音声面か文法規則かによって、習得の度合いが異なるという考えもある。例えば Flege, Yeni-Komshian, & Liu (1999) は、米国に移住したときの年齢の異なる韓国語話者の英語の発音と文法知識の習得度を調査した。移住したときの年齢が高くなるにつれて発音により強いアクセントが加わる傾向になり、文法能力が次第に低下していくことがわかった。そこでこの研究では、移住した時の

年齢と関係すると思われる教育や英語と韓国語の使用量を統制して、再度移住したときの年齢と文法知識の習得とアクセントについて調査した。その結果、英語の母語話者に近い発音の習得と年齢は関係があるようだが、文法知識の獲得に関しては、年齢よりも受けた教育や言語の使用量などの環境要因の方が影響力があるという示唆を得た。

　第二言語習得の中でも発音の習得に関し、日本語の /r/ と英語の /l/ や /r/ の場合について調査したAoyama, Flege, Guion, Akahane-Yamada, & Yamada (2004) による研究のように、母語話者に近い発音の習得に関してはやはり年齢が若いほど目標言語の母語話者レベルに到達するのではないかという示唆を得ているものもある。アメリカ合衆国に同じ期間居住している32人の大人（40歳前後）の日本人と32人の日本人児童（10歳前後）を被験者として2回行った実験を比較して、彼らの発音の習得について分析した。このように滞在期間を統一した条件の下では、児童の方が英語の母語話者に近い発音を習得することができたと報告している。

　臨界期説を検証するために行われた研究の中には、その方法論や実験結果の解釈に関しては問題もあるようである（白畑、若林、村野井、2010; 高橋、2010）。実際、思春期を過ぎてから第2言語を学習しても母語話者並の能力を習得することができた学習者もいる（高橋、2010）。確かに、年齢要因は、目標言語の母語話者のような発音習得の条件にはなりえるようだ。しかし、成人の学習者は、ある程度目標言語で意思伝達が可能になれば、native-like の発音で話せるかどうかこだわらない、また周りの人々から要求されないといった社会的要因も考えられる（高橋、2010）。このような理由で、学習者の年齢と目標言語の習得の度合いを示唆する臨界期説は「仮説」であるという見方が根強く残っている。

　上記のように臨界期仮説を支持しない考えがある一方、第2言語習得における臨界期説で幼児期から語学学習をする利点として音声面の発達が大いに期待されるという示唆を得たことが、実際に日本の小学校英語の指導方針に影響を与えている。また、いかなる言語においてもその言

語を母語として習得する過程においては、最初に音声面の発達があり、日常生活の中にある文字に触れながら、学校教育の場で文字学習を始めるようになると、それまでの音で理解していた言葉の意味を文字と一致させていくのだというリテラシー教育の視点（第 2 章を参照）からも、英語学習の初期段階では音声面の訓練から始める指導方針になってきたことは自然の成り行きといえる。

　しかし、一連の臨界期仮説に関する実験が、自然な言語使用の状況においてインプットが与えられている環境で目標言語を習得している被験者を対象にした調査であるか、または学校の教室といった教育の場で目標言語を学んでいる被験者を扱っている調査なのか、関連する要因の違いについても考えてみなければならないであろう。日本の小学校での英語学習では、英語でコミュニケーションを行う環境という点で、英語によるインプットの量とアウトプットする機会の量がかなり制限されるため、臨界期仮説を支持する結果をそのまま適用することはできないことは明らかである。日本のように英語を外国語として教える国での指導では、学校の授業（平成27年現在では小学校の英語は「外国語活動」である）の制限時間内に、コミュニケーションを目的としての英語という外国語を学ぶためにどれだけのことを教えられるかが重要課題である。中学校での英語による読み書きを含む4技能統合の本格的な英語指導が行われることを念頭に置くならば、その英語学習のための「素地」の養成には音声面だけでなく、文法能力養成、文字理解のための訓練のために bottom-up 的指導が大切であろう。また英語をコミュニケーションの道具として実際に使う環境が限られていることから、その言葉を使う様々な状況や場面を与え、異文化理解を目指し効果的なコミュニケーションを行う方法を教えるという top-down 的指導も必要ではないだろうか。効果的な英語によるコミュニケーション能力の素地を養うことを助ける指導法を開発するために、本著で話題としている、毎日30分という一定の時間内に bottom-up 指導および top-down 的指導を取り入れ、言葉が使用されている状況 (contexts) を与えながら言語を教えるという

RRプログラムの指導理念と指導方法をモデルとすることを提案する。読むテキストを言語訓練のための情報源 (information pool) として使いながら、音韻、文字、意味の相互関係を理解させ、教員との interaction を通して4技能を養成していく RR プログラムは、日本の小学校と中学校での英語指導を連携させるための方法として役立つものと考える。

参考文献

Aoyama, I., Flege, J. E., Guion, S. G., Akahane-Yamada, R. & Yamada, T. (2004). Perceived phonetic dissimilarity and L2 speech learning: the case of Japanese /r/ and English /l/ and /r/. *Journal of Phonetics, 32*, 233-250.

Flege, J. E., Yeni-Koomshian, G. H., & Liu, S. (1999). Age constraints on second-language acquisition. *Journal of Memory and Language, 41*, 78-014.

Johnson, J. S. and Newport, E. L. (1989). Critical effects in second language learning: The influence of maturational state on the acquisition of English as a second language. *Cognitive Psychology, 21*, 60-99.

Lenneberg, E. H. (1967). *Biological Foundations of Language.* New York: John Wiley & Sons, Inc.

Snow, C. & Hoefnagel-Höhle, M. (1978). Age differences in second language acquisition. *Child Development, 49 (4)*, 1114-1128.

白畑知彦・若林茂則・村野井仁（2010）『詳説　第二言語習得研究　理論から研究法まで』研究社.

高橋基治（2010）「第二言語習得研究からみた発音習得とその可能性についての一考察―臨界期仮説と外国語訛りを中心に―」東洋英和女学院大学『人文・社会科学論集』第28号，33-55.

第2部

小学校英語教育と文字教育

第5章

早期英語教育の評価

　半世紀近く昔の話になるが、小学校1年生の1学期の通信簿で音楽の評価を児童全員「3」にしたというニュースが新聞を賑わしたことがあった。入学して3ケ月余の短い期間で、児童の音楽の成績が5段階に分かれるほど差がつくというのは不自然である、というのがその理由だったように思う。「うちの子は4歳の時からピアノを習っているのに…」で代表されるような理由から異議を唱えた親もいたようであるが、最終的にどう決着したかはわからない。しかし、小学校外国語活動の評価を考えているうちに、この事件を思い出したのは、現在の小学校外国語活動の評価にも、ある種の類似性を感じたからである。

　小学校外国語活動は年間35時間（週1回）で、本書 p.74に記す6項目からなる内容を指導することになっている（小学校学習指導要領解説　外国語活動編平成20年版）。理想的な評価は教科・活動の目標と表裏一体になっているべきであろう。評価は目標に到達したかどうかを基準点で測る場合（到達度評価）、「できるかどうか」という CAN-DO 記述文で確認する場合（ALTE 'Can Do' statements の応用）、5段階に数値化する場合、外国語を用いたコミュニケーション活動を通して、言葉の面白さや多様なものの見方を経験したかどうか、で記述する場合などが考えられる。

　「早期英語教育」は、外国の例で言えば、通常、幼稚園から小学校低学年までの英語教育を意味するが、日本の場合は、平成27年度現在、英語が小学校教育の活動ではあるが教科にはなっていないので、小学校を

主に考えながら中学校との連携も視野に入れて検討することにする。

1 学習指導要領における目標

日本の学習指導要領によると、「外国語活動」の目標は次のようになっている。

小学校の場合：
目標
① 外国語を通じて、言語や文化について体験的に理解を深める。
② 外国語を通じて、積極的にコミュニケーションを図ろうとする態度の育成を図る。
③ 外国語を通じて、外国語の音声や基本的な表現に慣れ親しませる。

内容
① 外国語を用いて積極的にコミュニケーションを図ることができるよう、次の事項について指導する。
　(1) 外国語を用いてコミュニケーションを図る楽しさを体験すること。
　(2) 積極的に外国語を聞いたり、話したりすること。
　(3) 言語を用いてコミュニケーションを図ることの大切さを知ること。
② 日本と外国の言語や文化について、体験的に理解を深めることができるよう、次の事項について指導する。
　(1) 外国語の音声やリズムなどに慣れ親しむとともに、日本語との違いを知り、言葉の面白さや豊かさに気づくこと。
　(2) 日本と外国との生活、習慣、行事などの違いを知り、多様なものの見方や考え方があることに気づくこと。
　(3) 異なる文化をもつ人々との交流等を体験し、文化等に対する理解を深めること。

上記の内容で①に関しては「コミュニケーションへの関心・意欲・態

度」の観点から評価するのであれば、客観的な精度という点では限界があるが、不可能ではない。しかし、①の(2)を CAN DO 記述文に基づいて、その到達度を図るのであれば決して楽ではない。ただし、米国式の標準化に基づいて、一つの function が5段階程度の難易度で記述されている場合は、難易度を踏まえた形成評価が可能である。②の内容に関しては、観点別評価で言えば「言語・文化に関する気づき」ということになり、「外国語を用いた体験的コミュニケーション活動を通して、言葉の面白さや豊かさ、多様なものの見方や考え方があることに気づいているか」をチェックすることになる。「発表」や「理解」の能力については「活動で用いている外国語を聞いたり話したりしながら、外国語の音声や基本的な表現に慣れ親しんでいるか」を見ることになる（国立教育政策研究所、2011）

　学校で児童・生徒の評価が記録されるのは「指導要録」である（学校教育法施行規則第24条）。内容は「学籍の記録」と「指導に関する記録」からなり、指導に活かすという機能と外部に対して（例：進学先）証明するという機能を持っている。校長が作成し、「学籍の記録」は20年間、「指導に関する記録」は5年間保存する義務がある。各教科の学習の記録では「観点別学習状況」について3段階の評価が記されている。しかし、いわゆる通信簿は、指導要録と関係はあるがまったく同じものではない。児童・生徒の学習、行動、健康などの状況について保護者に知らせ、親に学校と協力しながら家庭での教育のあり方を考えてもらうのが主な目的だからである。下記の例は、小学校外国語活動に関する通信簿の記述例である（平成27年度現在）。

・観点は設けず、総合的な記述で評価している。字数制限があり、60文字以内で記述する。
・指導要録で評価観点とされている3つの観点について、特に優れているものについて丸印を記入する（二重丸や三角はなし）。3観点すべて丸印の場合もある。最低1観点は丸印をつけるようにする。

- コミュニケーションへの関心・意欲・態度、外国語への慣れ親しみ、言語や文化に対する気づきの3観点について、各学期に一つの観点をとりあげ（ただし、どの学期にどの観点をとりあげるかは、対象児童によって異なる）、1年間で全3観点について評価する。丸印や評定などはせず、観点別に記述式で評価する。
- 記述式の評価を行っている。特に、観点別にという訳ではないが、観点を意識したコメントにしている。評価時期は、低学年、中学年、高学年によって前期に行ったり、後期に行ったり、あるいは、両学期とも行う場合もある。

　通信簿に関する法的な根拠はなく、その様式や記載内容は各学校の判断で適宜工夫されているのが現状であるが、それでいいのか、外国語活動が「英語科」という教科になった場合に評価の形式・内容を変更するのか、検討すべき時期であろう。

中学校の場合：
　中学校では、外国語科においては英語を履修させることが原則となっており、仮に英語以外の外国語を履修させる場合には、英語の目標および内容等に準じて行うものとなっている。

目標：下記の4項目は (1) Listening、(2) Speaking、(3) Reading、(4) Writing に関する目標である。「初歩的な」というレベル表示が中学校の特徴になっている。

(1) 初歩的な英語を用いて話し手の意向などを理解できるようにする。
(2) 初歩的な英語を用いて自分の考えなどを話すことができるようにする。
(3) 英語を読むことに慣れ親しみ、初歩的な英語を読んで書き手の意向などを理解できるようにする。
(4) 英語を書くことに慣れ親しみ、初歩的な英語を用いて自分の考えなどを書くことができるようにする。

内容：
(1) 言語活動

英語を理解し、英語で表現できる実践的な運用能力を養うため、次の言語活動を3学年間を通して行わせる。ア　聞くこと、イ　話すこと、ウ　読むこと、エ　書くこと（詳細については中学校学習指導要領 p.68）。

(2) 言語活動の取扱い

3学年間を通じ指導に当たっては、次のような点に配慮するものとする。

（ア）実際に言語を使用して互いの考えや気持ちを伝え合うなどの活動を行うとともに、(3)*に示す言語材料について理解したり練習したりする活動を行うようにすること。(*中学校学習指導要領 p.70)

（イ）実際に言語を使用して互いの考えや気持ちを伝え合うなどの活動においては、具体的な場面や状況に合った適切な表現を自ら考えて言語活動ができるようにすること。

（ウ）言語活動を行うに当たり、主として次に示すような「言語の使用場面」や「言語の働き」を取り上げるようにすること。（中学校学習指導要領 pp.69-70）

［言語の使用場面］の例：2種類　10項目など
［言語の働き］の例：5種類　22項目など

以上の三つの柱（ア、イ、ウ）を踏まえた活動を統合的に体験し、その活動に必要な語彙・文法を習得するには、評価の種類も授業の時期や生徒の学力に即していろいろ工夫しなければならない。学期や学年ごとのテストだけでは不十分で、授業の中で生徒の反応を見ながら対応する必要がある。

学習指導要領の「言語の使用場面」や「言語の働き」の扱い方が、多くの教師に共通理解されているか疑問である。特に「言語の働き」につ

いては、多くの教師が十分に理解していないのが現状である。人間がことばを口頭で使う時、常に明確に意識しているわけではないが、1文1文に込められた目的がある筈である。それが「言語の働き」（functions）である。書き言葉の場合は、「推敲」という言葉があるように、かなり意識して使っていることが多い。いかに効果的に目的を伝えるかを考えるからである。

2　小学校学習指導要領（外国語活動編）における外国語活動の目標と評価例

　学習指導要領にある外国語活動の主要項目について *High, friends!* 1, 2における評価例を挙げる。ただし、スペースの関係で三例に限定する。（　）内は出現する課である（文科省、2015）。

① 外国語を通じて、言語や文化について体験的に理解を深める：
　・英語で挨拶したり自分の名前を言ったりできるか。（1のLesson 1）
　・1〜10の数を英語で言えるか。（1のLesson 3）
　・日本語と英語の音の違いに気づき、色や形を英語で言えるか。（1のLesson 5）, etc.

② 外国語を通じて、積極的にコミュニケーションを図ろうとする態度の育成を図る：
　・好きなものや嫌いなものについて積極的に伝えようとする。（1のLesson 4）
　・世界の小学校の学校生活に興味を持つ。（1のLesson 8）
　・積極的に誕生日を尋ねたり誕生日を答えたりしようとする。（2のLesson 2）

③ 外国語を通じて、外国語の音声や基本的な表現に慣れ親しませる：
　・日本語と英語の音の違いに気づく。（1のLesson 5）
　・日本語と英語の共通点や相違点から言葉の面白さに気づく。
　・曜日、月名、季節名に慣れ親しむ。

3　外国における早期英語教育の評価例

　評価の結果は、カリキュラムの内容や難易度によって左右されるので、安易に外国の例と比較するのはあまり意味がないが、日本の小学校英語教育の現状を理解するためには、ある程度知っておく必要がある。日本の「外国語活動」は週1回、年間35時間という枠内で小学校5、6年生を対象に行うことになっている。外国語という教科の性格から考えると、きわめて異例であり、外国語を最初に習う学年としてとしては、国際的に見て最も遅い方である。授業内における活動も非常に限定されたものにならざるを得ない。

　Emery, H. (2012) は British Council や世界9ケ国で各地の英語教員組織および大学の協力を得て小学校英語教育に関する調査を実施した。調査項目（35項目）の中に教師に What age do children start learning English in your school? と尋ねた結果を表1に掲げる。アンケートはインターネットを通して実施され、都市部および地方の公立並びに私立の教員約2500名からの回答を基に分析したものである。国によってカリキュラムや教育機器等の違いもあるので、9ケ国の教員および校長と直接面談して確認した。

表1

#	学習開始年齢	回答数	%
1	5歳以下	444	18
2	5歳	186	8
3	6歳	699	28
4	7歳	430	17
5	8歳	413	17
6	9歳	208	8
7	10歳	54	2
8	10歳以上	39	2
	計	2,473	100

6歳以下で英語学習を始める児童が回答者数の53.7％で、幼稚園から小学校1年 (Pre K-K～Grade 1) に相当する。英米の児童は「学習、指導、評価のためのヨーロッパ言語共通参照枠」(Common European Framework of Reference for Languages: Learning, teaching, assessment) が作成した CAN DO descriptors（日本での呼称は CAN DO リスト）に基づくテストを用いて評価している。CAN DO 記述文の詳細について、次の第6章で述べるので、ここでは評価に絞って考察する。

3.1　小学校入学前に導入される CAN DO 記述文
　米国における4技能導入の例を紹介する (WIDA, 2009)。WIDA については第6章で詳説する。

Listening
・授業中の指示を聞き、教室内の日常事物を指し示すことができる。
・場面内にある絵の説明を聞いて指し示すことができる。
・音声による命令や指示にジェスチャー等で応えることができる。
・口頭で言われた著名人や名所を絵（写真）から見つけることができる。

Speaking
・短い絵本に登場する人物や事物を指し示すことができる。
・単語や短い句を復唱できる。
・個人的な質問に「はい・いいえ」で応えることができる。
・教室内にある身近な物の名称を言うことができる。

Reading
・アイコンや記号を対応する絵に線で結ぶことができる。
・印刷された事物の名前を指し示すことができる。
・適合する単語や絵を見つけることができる。
・教室内の分類された事物を見つけることができる。

Writing
・絵を描いたり楽（走り）書きをしたりできる。
・絵、記号、数字を○で囲んだり下線を引いたりできる。
・図や文字を複（透）写することができる。
・ストロー（麦わら）や粘土で記号、図、文字を作ることができる。

　先行研究によると (Sticht, T. G., & James, L. M., 1984)、入園・入学前のListening inputは入園・入学後の語彙習得と因果関係があり、児童の口頭言語能力 (oral language proficiency) からその後の読み・書き学習時の容易さをかなり予測できるという。また、入園・入学前に児童が聴いた語彙サイズから児童の読解力を予測できるという。これらの研究結果から、早期英語教育のインプットは、将来、よりよいリテラシーをもたらすために欠くことのできないものであり、日本の外国語活動におけるインプットも、どのような質のものをどれだけ（量）与えるべきかは大きな関心事である。ただし、インプットするからには、それがどのようなアウトプットになるかを見極めることも重要であり、大きな意味では、それが早期英語教育の評価である。

参考文献

Board of Regents of the University of Wisconsin System. (2009). *The English Language Learner CAN DO Booklet.* WIDA Consortium.

CEFR. (2001). *Common European Framework of Reference for Languages: Learning, teaching, assessment.* Cambridge: Cambridge University Press.

Davies, A., Brown, A., Elder, C., Hill, K., Lumley, T., McNamara, T. (1999). *Dictionary of language testing.* Cambridge University Press.

Emery, H. (2012). A global study of primary English teachers' qualifications, training and career development. British Council.

Milltown School District. (2009). ESL English as a Second Language Curriculum. Retrieved January 14, 2014 from
http://milltown.schoolfusion.us/modules/groups/homepagefiles/cms/285543/File/Stephanie/ESL%20Curriculum%202013.pdf.

Sticht, T. G., & James, L. M. (1984). Listening and Reading, in P.D. Pearson, R. Barr, M. L. Kamil, & P. Mosenthal (Eds.) *Handbook of reading research* (Vol.1) (pp.293-317), White Plains, NY: Longman.

U. S. Department of Education, Office of Communication and Outreach. (2005). No Child Left Behind: What Parents Need to Know. Retrieved July 22, 2013 from No_Child_Left_Behind.pdf.

WIDA® Consortium. (2009). *The English Language Learner CAN DO Booklet.* Grades PreKindergarten-12.

市川須美子・浦野東洋一・小野田正利・窪田真二・中嶋哲彦・成嶋隆（編）（2009）「教育小六法　平成22年版」学陽書房.

岩内亮一・本吉修二・明石要一［編集代表］（2006）「教育学用語辞典」（第四版）学文社.

国立教育政策研究所（2011）「小学校外国語活動における評価方法等の工夫改善のための参考資料」教育出版.

投野由紀夫［編］（2013）「CAN-DOリスト作成・活用　英語到達度指標CEFR-J　ガイドブック」大修館書店.

根岸雅史「CAN-DOリストは日本の英語教育に何をもたらすか」Retrieved January 18, 2014 from

http://www.britishcouncil.jp/sites/britishcouncil.jp/files/ji_diao_jiang_yan_2_can-do_risutohari_ben_noying_yu_jiao_yu_nihe_womotarasuka.pdf.

平原春好・寺崎昌男［編集代表］（2009）「新版　教育小辞典」学陽書房.

文部科学省（2013）.「各中・高等学校の 外国語教育における「CAN-DOリスト」の形での学習到達目標設定のための手引き」文部科学省初等中等教育局.

文部科学省"Hi, friends!"関連資料 Retrieved October 2, 2015 from http://www.mext.go.jp/a_menu/kokusai/gaikokugo/1314837.htm.

第6章
日本の英語教育における CAN-DO リスト
― CEFR と WIDA の視点から ―

　平成25年3月、文部科学省初等中等教育局から『各中・高等学校の外国語教育における「CAN-DO リスト」の形での学習到達目標設定のための手引き』が出された。全46ページの冊子には34項目からなる質疑応答および「外国語の学習、教授、評価のためのヨーロッパ共通参照枠」に関する資料3ページが含まれている。各学校は、目下（平成25年～）、その作成に従事しているが、「よくわからない」という声も聞こえてくる。筆者も理論的にいくつかの疑問を持っているので、これに関する背景を述べてから検討に入りたい。上記冊子は46ページという薄いものであるが、題名が長いので、以後、"CAN-DO リストの手引き" と略記することがある。なお、CAN-DO とハイフンを入れるのは外国では見かけないが、この文書は公文書なのでそのままにしておく。

　文部科学省は「新学習指導要領（中学校　平成20年版、高等学校平成22年版）の円滑な実施に向けて」という通達を出し、「学習指導要領の基本的な考え方」に基づき、「教育内容の充実に向けた主な取り組み」について述べている。その中で、外国語教育の推進に向けて4項目を挙げている。

① 英語力の指導改善事業
　　各都道府県に拠点校を設け、英語の使用機会を拡充し、モチベーションの一層の向上を図るなどの優れた取組を支援するとともに、拠点校を中心に、外部検定試験を活用して、生徒の英語力の把握・

分析を行い、指導改善を図る。
② 外国語活動の教材整備
　　平成21－23年度用には「英語ノート」、平成24年度以降は *Hi, friends* があるが、小学校「外国語活動」の一層の充実を図るため、児童用教材および教師用指導資料、デジタル教材等を作成し、全国の希望する小学校等に配布する。
③ 「CAN-DOリスト」のガイドブックおよび授業実践事例集(DVD)の作成。
　　中・高等学校の外国語教育における学習到達目標を設定するための「CAN-DOリスト」ガイドブックを作成する。また、小・中・高等学校における具体的な授業の在り方のモデルとなる授業実践事例集(DVD)を作成する。
④ 外国語指導助手の指導力等向上のための取組
　　外国語指導助手(ALT)の効果的な活用のため、「語学指導を行う外国青年招致事業」(JETプログラム)により、ALTを対象として、英語の運用能力を高める授業づくりに重点をおいた研修を実施する。

　以上4項目の取り組みにおいて、CAN-DOリストは3番目の項目に基づくものである。CAN DO 記述文は、現在、次に述べるヨーロッパ言語共通参照枠に基づくものと、ヨーロッパ言語共通参照枠を参考にしながらアメリカの教育事情を加味した枠組みに基づくものと、大きく二種類に大別される。

1　CAN DO 記述文は何のために作られたか

1.1　ヨーロッパ言語共通参照枠
　「学習、指導、評価のためのヨーロッパ言語共通参照枠」は Common European Framework of Reference for Languages: Learning, teaching, assessment の日本語訳でCEFRと略記することが多い。CAN-DOリストの手引き(p.41)には、CEFRについて下記のような解説がある。

CEFR は、学習段階ごとの到達基準の設定および国際的な比較が可能なアウトカム評価のための実用的なツールとして、20年以上にわたる研究および幅広い協議を経て欧州評議会で開発され、2001年に公表された。CEFR は、語学技能の相互認定の拠り所となるものであり、留学や、労働市場における人材の流動性を高めることを容易にするものとされている。近年は学校教育におけるカリキュラム改革等にしばしば用いられている。

　CEFR は「共通参照レベル」として、言語能力を A1、A2 レベル（基礎段階の言語使用者）、B1、B2（自立した言語使用者）、C1、C2（熟達した言語使用者）の計6段階に分け、「聞くこと」、「読むこと」（以上2つは「理解すること」）、「やり取り」、「表現」（以上2つは「話すこと」）、並びに「書くこと」の5つの能力カテゴリーに分けて言語活動の内容を表している。
　欧州においては、CEFR の「共通参照レベル」が、法令により、初等教育、中等教育を通じての目標として適用されたり、欧州域内における言語能力に関する調査を実施するにあたって用いられたりしている。

1.2 CEFR の目的
　CEFR では大別して二つの目的を持っている (CEFR, 2001; p.xi)。
a.　一つは言語分野におけるすべての専門職および言語学習者に次のような事項についてよく考えてもらうため：
　　□お互いに話したり（書いたり）する時、実際に行われていることは何か。
　　□何がわれわれにこのような行動を取らせるのか。
　　□〈母語以外の〉言語を新規に学ぶ時、上記に関することをどれだけ学ぶ必要があるか。
　　□ある言語をゼロの状態から効果的にマスターするまでの過程で、どのように目標を設定し進歩を測るか。

□言語学習はどのようにして生じるのか。
　　□言語をよりよく学ぼうとする場合、自分自身および他の人々を支援するために何をすることができるか。
b. もう一つは言語教育の専門職同士あるいはその顧客（stakeholders：学習者、父兄、教員、職員、clients, etc.）に、学習者の達成を助けるためにして欲しいことやそのやり方を説明しやくするため。

1.3　CEFRの活用

　CEFRがEU加盟国でどのように活用されているのであろうか。活用度の高いものとして次の3項目が挙げられる（EU加盟の30ケ国の回答による）。
・カリキュラムやシラバスの計画ならびに発展（90％）
・テストおよび評価、認証の計画ならびに発展（87％）
・教師教育や教師研修の計画ならびに発展（78％）
　(Council of Europe (2005). Retrieved January 15, 2013 from COE / DGIV / LANG (2006)2.

　さらに、2005年度に実施されたアンケート調査の結果について下記のように報告されている (Council of Europe, 2015)。この調査は欧州連合（当時37ケ国）にエジプトおよびメキシコを含む111機関の回答に基づくもので、回答機関の内訳は次のようになっている。
① 高等教育機関 (39)
② 中央行政機関 (Central authority) (29)
③ 教員研修センター (18)
④ 教員養成機関 (18)
⑤ 試験実施機関 (16)
⑥ 語学学校／センター (4)
⑦ 成人教育 (12)
⑧ その他：出版社、初等・中等学校、文化機関／センター（計28)

1.3.1　CEFRの活用状況（数値は0-4 scaleによる）

(1) どの程度活用されているか。
　・所属機関ではかなり知られている (3.16)。
　・大変よく活用されている (2.24)。
(2) 誰がどんな場合に活用しているか。
　・教師、教員養成者、テスト作成者、教材作成者による活用が多い。
　・教員研修（pre-serviceおよびin-service）、言語テスト／評価、語学カリキュラム開発、テキスト／教材制作者およびstakeholders（学習者、父兄、教員、職員、clients, etc.）。
(3) CEFRでもっとも使用されているのは共通参照レベル（いわゆるglobal scale）。
(4) CEFRの有用度は0-3のスケールで2.44であった。
(5) CEFRがもっとも有用なのはテスト、評価、認証の領域であった（0-3のスケールで2.70）。
(6) 機関としてCEFRがもっとも有用であったのは試験業者に対してであった（0-3スケールで2.88）。
(7) アンケートになかった項目で、コメント欄に有用であると記されたものは：
　・提案・議案作成 (legislation)
　・政策決定 (policy making <education>)
　・研究 (research)

　このように多方面で活用されてはいるが、「CEFRがもっとも有用なのはテスト、評価、認証の領域（0-3のスケールで2.70）」であり、機関としてCEFRがもっとも有用であったのは試験業者に対してであった（0-3スケールで2.88）」という調査結果がCEFR CAN DOリストの特徴を示している。

1.3.2 CEFR の CAN DO 記述文の枠組み

上記（1.3.1の(3)）で述べたように、いわゆるグローバル・スケールと呼ばれる段階は次のようになっている。

- Basic User:　　　　A1 (Breakthrough), A2 (Waystage)
- Development User:　B1 (Threshold), B2 (Vantage)
- Proficient User:　　C1 (Effective Operational Proficiency),
　　　　　　　　　　 C2 (Mastery)

　CEFR のスケールを日本の英語学習者に使う場合の難点は、中学生の9割、高校生の8割が A1 レベルに入ってしまうことである（根岸、2014）。成人を含めても A2 レベルを超える日本人の割合は微々たるものである。30cm のスケールで十分測れるものに1メートル (100cm) のスケールを使うようなことにならないか、という疑問が残る。

1.3.3 CEFR 使用における問題点

　CEFR にはよい点もたくさんあるが、教育現場に応用する場合に注意しないと問題が生じることがあるので、以下に取り上げる (Council of Europe, 2005)。

(1) よく指摘されることは CEFR の複雑さである。文章自体も難しいが、CEFR のアプローチも複雑である。いくつか不満の例を挙げると：
- もっとも頻繁に聞く不満は、CEFR の文章が難しくてストレートに読めないことである。短くて読者にやさしい簡約版が必要である。
- CEFR は学習、指導、評価における新しいアプローチであるから、多くの教員にとって、理論的にも実際的にも難しい。集中的に勉強しても、その内容を採用し指導の実際に活かすには数年かかる。
- CEFR は学者が使うには非常に貴重な道具であるが、現場教員が理解し授業に生かすには思い切った簡略化が必要である。

(2) CEFR を評価に使う時の潜在的危険性についても指摘されることが多い。それは評価データを十分な根拠もないのに6段階のグローバ

ル・スケールに対応させる場合に生じる。
- 主な"問題"は、CEFR本体について見聞きする機会が少なく、したがってCEFRの理解が不十分なため、共通参照レベルだけが使われるから生じるのではないだろうか。
- CEFRにはその哲学や理念において将来性豊かなものであるが、不幸にして、その理念が用いられることはめったにない。
- 授業、教科書、試験が、系統的というより単に印象だけの直観で6段階に合わせている。
- CEFRに関連づけるための基準設定は、かなり骨の折れる作業である。
- CEFRは本来、記述的なもので規範的なものを意図したものではない。それを忘れてすべての言語、すべての文脈、すべての学習者に自動的に応用しようとするのは、CEFRの基本理念の一つを忘れていることになる。

(3) CEFRと授業との結び付きをもっと強くする必要がある。
- 現在、一部欠けているのは、指導と評価、テスト作成者と指導教師との間にあるべき「橋」であり、それを作る量的・質的手段である。
- 実践においては、理論的にも実践的にも、より精緻に考案されたCEFRの特徴を実践し、学習過程における役割についての実験的情報を集めることである。
- どのようにすれば自己評価ツールの信頼度を高めることができるか。
- どのようにすれば「文化的能力」を可視化し測定できるか。
- どのようにすれば国ごとの基準を欧州の標準に対応させることができるか。

2　米国の CAN DO 記述文の枠組みと内容：WIDA の場合

　標記について書く場合、検討・執筆とほぼ同じ時期の教育政策について理解しておく必要がある。その一つが No Child Left Behind 法である。
　アメリカ合衆国の場合、2001年、No Child Left Behind（以下、NCLB と略記）〈落ちこぼれゼロ法〉という法案が可決され、すべての州が English Language Proficiency (ELP) に関する基準 (standards) ならびにその基準を反映した評価システム（テスト）を作成することが勧告された。また、ELP 基準および評価は学年レベルの内容基準と連携し、Academic Language に根ざすことが求められた。
　NCLB は次の4つのテーマに基づいている。
① 結果に対する学校の説明責任
② 科学的に立証された指導法の重視
③ 子どもの教育に関する情報および選択肢を親に与えることによって親にも教育に参画させること
④ 連邦予算執行における州や地区ごとの柔軟性

　CEFR の場合は複言語・複文化が中心的理念になっているので、英語を例に説明がなされているが特定の言語に焦点を当てたものではない。一方、米国の場合は、国としての統一のためにも教育の手段としても英語が中心になっている。さらに前述のように NCLB（落ちこぼれゼロ法）の政策の下、すべての国民にその努力と能力に応じて大学教育までの機会を与える政策が認められ、言語（英語）教育の中に、算数・数学、理科、社会科の言語表現が入っていることが欧州参照枠との大きな違いである。WIDA の言語表現は以下に示す5つの領域から成り立っている。
① 社会および教育のための言語 (Social & Instructional Language)
　英語学習者は学校という場で社会的教育的目的のためにコミュニケーションを行う。

② 国語科の言語 (The Language of Language Arts)
英語学習者は国語科の領域（つまり英語科）で教育的成功を収めることができるように関連する情報、アイディア、理念を伝え合う。（話し方、綴り字、読解、作文など）
③ 数学科の言語 (The Language of Mathematics)
英語学習者は算数・数学科の領域で教育的成功を収めることができるように関連する情報、アイディア、理念を伝え合う。
④ 理科の言語 (The Language of Science)
英語学習者は理科の領域で教育的成功を収めることができるように関連する情報、アイディア、理念を伝え合う。
⑤ 社会科の言語 (The Language of Social Studies)
英語学習者は社会科の領域で教育的成功を収めることができるように関連する情報、アイディア、理念を伝え合う。

　誤解を避けるために補足すると、上記のカリキュラムは幼稚園（厳密に言えば Pre-Kindergarten を含む）から始まるのであるから、数学、理科、社会などの専門用語がいきなり出てくるわけではない。理科を例にとれば、小グループの学習で物体（例えば ball など）を見せながら'small'、'big' などの用語を導入することから始めるのが speaking での扱いかたである。つまり理科における物体の大小に関する理念を平易に教えるのである。上記 WIDA の基準は米国市民のために作成されたものであるという理由から、③、④、⑤の内容は難易度が高いので日本人英語学習者には無理と考えてはいけない。児童・生徒の発達段階から見て理解できるような内容を発達段階に即した教え方で指導すればよいのである。日本の英語科カリキュラムとして、これまでのように主として文法と基本語彙を共通の枠組みとする学習指導要領を作成して、上記③、④、⑤に対応する「内容」が高校3年生まで全然入らなくてもよいのか。外国の大学へ留学する学生が近年減少傾向にある日本で、英語科カリキュラムの内容を再検討すべき時代になっているという問題を提起させて

いただく。

　NCLBの法案が議会で可決された頃、ニューヨーク、テキサス、カリフォルニア、フロリダの各州はELLs (English Language Learners) のための基準およびその評価システムを持っていた。それ以外の州は自前の基準を作るか、コンソーシアムという連合組織を作りELP基準とその評価法を作成した。後者の例として、現在35州（首都ワシントンを含む）が連合したWorld-class Instructional Design and Assessment (WIDA) がある。商標としてはWIDAのIが小文字で書かれ、小文字の点が地球になっている。その結果、ほとんどの州が基準と評価法を設定することになり、各学校はそれに基づいて自校のカリキュラムを作成し評価を実施することになった。

　2012年度からは、WIDAの枠組みは多様な学習者のために働いている関係者（教員、教材・評価問題作成者等）にとって、さらに有意義なものになるように一部改訂を行った。それは簡潔に述べれば、英語教育の結果に関する説明責任 (ELL Accountability) を英語力の基準 (English Language Proficiency) に基づいて英語力達成 (Academic Achievement) の程度を評価する方法 (WIDA Standards and Assessment) を明記したことである。

　前記のように、WIDA Consortiumには首都ワシントンを含む35の州が参加している。それ以外の州でも、使用しているCAN DO Bookletの枠組みにはWIDA Systemとの共通性がある。まず、言語能力の5段階 (Five grade levels) を横軸に、4技能 (language domain) を縦軸に配して英語能力標準 (English language proficiency (ELP) standards) が構成されている。WIDA standardsは前記のように5項目によって構成され、Model Performance Indicators (MPIs) で表現される。即ち、5つの段階と4技能 (language domain) が、Pre-K-K、1-2、3-5、6-8、9-12の5段階で具体的に記述される。具体的な言葉でまとめれば、①MPIsは言語機能 (Language Function)、②5段階の内容（各段階におけるトピックを含む）、それに③指導上のサポートやストラテジーという3要素からなり、それらと関

連する語彙、図、記号と組み合わせて CAN DO リストを作成している。その参考として、TESOL (Teachers of English to Speakers of Other Languages) と ACTFL (American Council on the Teaching of Foreign Languages) いう英語教育学会および外国語教育学会が目指している英語力および外国語力の基準を考えてみよう。

3 外国語教育学会と CAN DO 記述文

　TESOL (Teaching of English to Speakers of Other Languages) と ACTFL (The American Council on the Teaching of Foreign Languages) という二つの学会は、共にアメリカで誕生し発展してきただけに、CAN DO 記述文の影響をどのように受け入れているのか考察してみよう。

3.1 TESOL の標準目標
① 英語を社会的な場におけるコミュニケーションのために使う。
　・生徒は英語で社会的なやりとりができる。
　・生徒は英語で自分の必要とするものを求めたり入手したりできる。
　・生徒は英語を話したり書いたりする力を自分の表現や楽しみのために使うことができる。
　・生徒は学習ストラテジーを使って自分のコミュニケーション能力を伸ばすことができる。
② すべての領域で学習するために英語を使う。
　・生徒は英語を使って授業中に意見の交換ができる。
　・生徒は教科に関する情報を音声あるいは文章で習得・処理・構築・伝達することができる。
　・生徒は機器を援用しながら、いろいろな教科を通して英語を習得できる。
　・生徒は適切な学習ストラテジーを使って知識を構築したり応用したりできる。

③ 多文化の様々な環境の中で、社会的・文化的に適切な英語の使い方ができる。
  ・生徒は聴衆、目的、場面に合わせて様々な言語表現を選ぶことができる。
  ・生徒は聴衆、目的、場面に合わせて非言語表現(表情やジェスチャー)を変えることができる。
  ・生徒は適切な学習ストラテジーを使って自分のコミュニケーション能力を伸ばすことができる。

　上記の①～③はそれぞれ、①社会的コミュニケーション、②学習におけるコミュニケーション、③文化的コミュニケーションとしてまとめられている。また、各コミュニケーションに属する主な項目を標準目標の形で述べられている。

3.2 ACTFL Proficiency Guidelines 2012

　4技能がそれぞれNovice、Intermediate、Advanced、Distinguished、Superiorの5段階に分かれ、NoviceからAdvancedまでの3段階はさらにNovice High、Novice Mid、Novice Lowのように3段階 (sublevels) に分かれているので、計11段階の基準から成り立っている。

　4技能をListening、Speaking、Reading、Writingという用語レベルでは、多くの人は一目瞭然と考えているかもしれないが、その中身に入って議論すると、必ずしも意見が一致するわけではない。そのため、いかなるテキストについてどんなタスクをどのような場面で行うのか記述しないと、議論で共通理解を得ることは難しい。そこでCAN DO記述文で表現することの意義が出てくる。

　ACTFLは言語教育担当州視学官全国会議 (NCSSFL) <The National Council of State Supervisors for Languages> と共同で外国語学習路線を作成した。(http://www.actfl.org/search/node/NCSSFL#sthash.2kJvfcbb.dpuf)

　それは外国語学習者が、21世紀「外国語能力標準」に関して下記の

領域で何ができるかを自己評価するためである。各能力の例と共に表示する。州あるいは学校は、その能力標準に基づいて、使用テキスト等を参考に具体例を作成することになる。ここでは Novice Low という一番易しいレベルを見てみよう。

- 個人間コミュニケーション能力 *Interpersonal* (Person-to-Person) *Communication*

    私は練習し暗記した語句を用いて (using single words and phrases) 非常に身近な話題について伝達できる。

- 口頭発表能力 *Presentational Speaking* (Spoken Production)

    私は単語や暗記した句 (single words or memorized phrases) を用いて、自分についての情報を発表できる。

- 文章表現力 *Presentational Writing* (Written Production)

    私は身近な単語、文字あるいは句を書写できる。

- 聴解能力 *Interpretive Listening*

    私は暗記した語句を聞いた時、前に聞いたことがあるとわかる。

- 読解能力 *Interpretive Reading*

    私は文字・記号を見て認知できる。また、暗唱したいくつかの語句を読んだ時、前に学習したものであるとことがわかる。

次に二番目に易しいレベル (Novice Mid) の例文を上記レベルと同じ順序で引用する。

- 個人間コミュニケーション *Interpersonal Communication*

    私は練習し暗記したいろいろな単語を用いて、身近な話題について伝達できる。

- 口頭発表能力 *Presentational Speaking*

    私はいろいろな語句や暗記した表現を用いて、自分自身や身近な話題について情報を発表できる。

- 文章表現力 *Presentational Writing*

    私は身近な話題に関するリストや暗記した句を書くことができる。

・聴解能力 *Interpretive Listening*
　私は身近な語句が話されるのを聞いた時、前に聞いたことがあるとわかる。
・読解能力 *Interpretive Reading*
　私は文字・記号を見て認知できる。また、学習あるいは暗唱したいくつかの語句を読んだ時、前に学習したものであるとことがわかる。

　上記のような proficiency standards は、当然のことながら ACTFL の理念を反映している。例えば reading の中身について次のような理念を考えてみよう。

　読解は解釈技能である。読解は主として読者がテキストから読み取る情報量並びに文章内・文章間から読者が引き出したり推測したり関連づけたりしながら行われる。様々なタイプのテキストについて、いろいろな状況下で行うタスクを記述することによって、読解能力の standards は、読者が文章をどのように理解するかを示すことができる。これらのガイドラインは読解能力がどのように発達するか、読解をどのように学ぶかを述べるものではないし、読解活動に関する実際の認知能力を示すものでもない。むしろ、読者が読んだものから何を理解できるかを述べるために作成されたものである。具体的には、解釈に関するもの（本、エッセイ、レポートなど）や個人間伝達（即時伝達、メモ、E-メールなど）などに関するものであり、それを CAN DO 記述文で表現している。

　TESOL と ACTFL の基準には、当然のことながら共通する事項が多いが、TESOL の場合は、あらゆる教科の指導言語が基本的に英語である点が ACTFL との大きな違いである。これは TESOL の TE は Teaching English であり、ACTFL の TFL は Teaching of Foreign Languages であることに起因する。つまり、英語だけでなく外国語全般を対象にしているからである。

4 CAN-DO リストと目標達成の評価

　冒頭で述べたように、平成25年3月、文部科学省は「各中・高等学校の外国語教育における「CAN-DO リスト」の形での学習到達目標設定のための手引き」を作成した。その趣旨・目的は「学習指導要領に基づき、各中・高等学校が生徒に求められる英語力を達成するための目標（学習到達目標）を「言語を用いて何ができるか」という観点から、「CAN-DO リスト」の形で具体的に設定することによって、第一に生徒が身につける外国語能力を各学校が明確化し、教員が生徒の指導と評価の改善に活用すること、第二に「〜することができる」という能力記述文の形で設定することにより、4技能を有機的に結び付け、総合的に育成する指導につなげることであった。

　目標を「〜することができる」と記述すること自体は1970年代に「行動目標」の形でわが国でも行われていた。当時の英語科学習指導案には「最初の段落を読んで大意を理解する」というような目標の書き方が多かったので、行動目標の提唱は「生徒が大意を理解したことはどのような行動から判断できるか」という問題提起であった。しかし、学習指導理論が行動主義から認知主義へと変化する時代の流れの中で、次第に影が薄くなっていった。そして、近年、「行動目標」に代わって「CAN-DO 記述文」となり、後者を到達度評価に使用する動きもあって、教育現場ではいろいろな迷いや疑問が出てきている。「行動目標」と「CAN-DO 記述文」は、提唱された時代背景の違いもあり、まったく同一とは言えない。また、日本語の「評価」は英語では evaluation、testing、assessment の3語の和訳として使われているので、本章では誤解を避けるために3用語の意味・内容をここで再確認しておきたい。

　語学教育では、学校の授業も予備校の授業も、あるいはテレビやラジオの語学講座も広義の「プログラム」である。Evaluation は目下、実施・使用している語学プログラムについて、その難易度、長所・短所、

問題点などの情報を関係者（教員、父母、管理職、スポンサーなど）に知らせ、そのプログラムについて、今後、微修正、大幅改善、廃止などを決める場合の参考にするために行われるものである。

　学校の授業に特化して述べれば、教員が日々の授業を振り返る時、定期試験や学外の試験結果が届いた時、あるいは指導主事の学校訪問の時など、指導法、教材、授業形態、視聴覚の活用などについて気づいたり、反省したり、改善の方向を考えたりするであろう。その結果、例えば来週から上記の授業に関連して部分的修正や改善を試みるかもしれない。これが現場レベルでのevaluationのイメージである。

　Assessmentは、広義では、個々の生徒やグループに関するevaluationのための言語データ（テスト・データも含む）を集めること（波線部は筆者）であり、そのために必要なインタビュー、ケース・スタディ、アンケート、授業観察などの使用を含む。狭義では、テストを含まない評価過程を意味することがある。なお、testingもassessmentと同じ意味で用いられることがある。またmeasurement（測定）やdiagnosis（診断）がassessmentの手段および結果として用いられることもある。

　EvaluationおよびAssessmentの基本的概念をこのように理解した場合、CAN-DO記述文による到達度評価はassessmentによる評価であるが、指導後、短くても1学期間程度の時間が必要になる。さもないと、それが本当に能力として形成されたのかどうかわからないからである。しかし、前述のように、現場教員は日々生徒の理解度を確認し、どの程度の語学力が育っているかを確認したいものである。教科書の言語材料の中には、そのような現場教員の慣習を前提にした配列になっているものもあるからである。日本では形成的評価と総括的評価が対比的に導入されたので、両者を一種の対立概念ととらえる人が多い。そのため上記の点に関して意見が異なる場合が珍しくない。この場合に想起すべきは、プログラム（授業を含む）の評価における形成的な部分はプログラムの過程にあり、総括的な部分はプログラムの結果（効果、結果、改善など）に関する説明責任(accountability)にあるということである（Davies他、1999）。つ

まり、授業中あるいは比較的短い授業期間の過程で授業の改善につながる可能性のあるフィードバックを出すことがプログラム評価の形成的な部分であり、現場教師の大きな関心もそこにあるという点である。

5 Common Core State Standards

　米国で「危機に立つ国家：教育改革が急務」という報告書が出たのが1983年で、それが合衆国における教育基準設定運動の嚆矢となった。改革の波はその後も続き、1994年に初等中等教育法 (Improving America's Schools Act) が制定され、1997年にはOECDが国際規格に照らしてのテストを始めた。それは、その後、PISA (Programme for International Student Assessment) と呼ばれるようになった。また、前述のように、2001年にはNo Child Left Behind (NCLB)〈落ちこぼれゼロ法〉が制定された。その結果、州間・州内の学力差が明らかになったが、その法案が意図したような、すべての生徒の学力向上にはつながらなかった。これが契機となって、アメリカにおける教育改革運動が全州にわたる大きなうねりとなった（本節は論文末尾の参考文献に記すTESOL International Associationの報告を参考にしている）。

　前節で述べたような教育に関する時代の変化もあって、アメリカが国際経済で競争力を持つためには、アメリカの生徒が教育水準において国際的にリードしなければならないという声が大きくなり、PISAのような国際学力テストでの上位国にあるような学力標準を作成しなければならないという世論から、CCSS (Common Core State Standards) を求める声が高まった。これまでの教育改革運動と異なり、CCSSでは各州の教育政策リーダーたちが一緒になって、すべての生徒の教育達成度を高めるにはどうすればよいかを検討した。それまでは、アメリカの教育水準は各州の水準からなる函数であると受け取られていただけに、この新しい政策は従来のものより期待の持てるものとして歓迎された。

　2009年、州立学校主任会議 (Council of Chief State School Officers) およ

び全国知事連合会 (National Governors Association) が、州で教えている教科に関して標準学力のセットを作ると発表した。そして各種委員会や作業部会を組織して、2010年、数学（含む算数）と英語の Common Core 草案を作成し公開した。多くの教育団体や教育連合会（TESOL 国際部会を含む）がフィードバックやコメントを送り、圧倒的多数が州による努力を支持した。

上記の結果として出来上がった標準学力の内容は、生徒が幼稚園から高校卒業までに身につけるべき知識や技能に関するもので、単位修得可能なカレッジの入学段階あるいは職場で、うまくやっていけることを保証するためのものである。

数学と英語の標準学力が最終的に定められて、各州はそれらを採用する選択権を与えられた。オバマ政権は標準学力を定めた科目のセットを支持してきた。米国の法律では、連邦政府は国としてのカリキュラムや標準学力を強制することはできないが、標準学力のガイドラインの中で、トップ学力を目指す州に対する補助金に応募するよう勧めている。これが Race to the Top (RTTT) である。

州が CCSS を採用すると決めると、数学と英語の標準学力の少なくとも85％について説明責任を持つことを意味する。州の実態に合わせて編集し直してもよい部分が15％あるということである。CCSS の中身や評価における測定基準については、各州が3年以内に決めることになる。2013年現在、45州が採用を決めている。ただし、Minnesota 州は英語 (English Language Arts) だけの採用である。

5.1　Common Core と English Language Learners

1997－1998学校年度から2008－2009学校年度までの10年間で、English Language Learners (ELL)（母語でない英語の学習者）は51％増えた。一般生徒数の増加が7％だけであったことを考えれば大変な増加である。1991年からの増加率は100％を超える。2025年までに ELL 学習者は生徒全体の25％を占めるだろうと予測されている。そうなると、こ

れまでのように外国語あるいは第二言語として教えていた時代のカリキュラムでは間に合わないであろう。そして ELL 教員も CCSS に無関心ではいられなくなるだろう。しかし、2010年に CCSS が公開された時、その開発者たちは補遺に ELL 学習者のニーズも CCSS で考慮されるであろうと述べるにとどまった。当初、開発者は ELL 学習者に対する CCSS の導入に関しては州政府に任せていたのである。2012年、Kenji Hakuta の発案で、Stanford 大学に「言語理解プロジェクト」(Understanding Language Project) が設立された背景には、CCSS における言語の役割がいかに大きいかを教育関係者にわかってほしいからである。上記プロジェクトの専門家によると、ELL 学習者が CCSS でうまくやっていくためには生徒、教員、地域の指導者、州教育のリーダー、テスト作成者、出版社、資金提供者など様々なレベルで、教育実践の事前および事中指導において従来とは異なる協力体制が必要になるからである。

5.2 CCSS における内容評価（Content Assessments）

　連邦の政策ガイドラインによると、生徒が大学および職場に対する準備ができているかを評価するには新しい基準（benchmarks）が必要である。その基準は2014－2015学校年度から使用されることになっている。ほとんどの州がその時期までに CCSS の導入に関して方針を明確にすることが求められている。内容評価の主な柱は次の4点である。
・妥当性と信頼性
・指導を支え、指導の結果を指導に反映させる。
・生徒の知識および技能について正確な情報を提供する。
・college-and career-ready standards（大学や職場でうまくやっていくのに必要な知識・技能）ができているかどうかを測る。

　これまで二つのコンソーシアム (Partnership for Readiness for College and Careers <PARCC> および Smarter Balanced Assessment Consortium <SBAC>) が連邦政府の助成金を受けて CCSS の評価法を作成してきた。2014年度

新（秋）学期から使用するために試行テストを実施し、その結果を評価法に反映させるべく改良を加えているところである。

PARCC に属する州：（*の付いている州は両方に入っているもの）
Alabama*、Arizona、Arkansas、Colorado、District of Columbia、Florida、Georgia、Illinois、Indiana、Kentucky、Louisiana、Maryland、Massachusetts、Mississippi、New Jersey、New Mexico、New York、North Dakota*、South Dakota*、Ohio、Oklahoma、Pennsylvania*、Rhode Island、Tennessee
SBAC に属する州：
Alabama*、California、Connecticut、Delaware、Hawaii、Idaho、Iowa、Kansas、Maine、Michigan、Missouri、Montana、Nevada、New Hampshire、North Carolina、North Dakota*、Oregon、Pennsylvania*、South Carolina、South Dakota*、Vermont、Washington、West Virginia、Wisconsin、Wyoming

　両コンソーシアムとも CCSS の評価に際し ELLs のニーズに配慮するべく、それぞれ ELLs の専門家からなる委員会を組織して検討した。ELLs に関する州の政策を CCSS 評価にいかに関連づけるかで両コンソーシアムともかなり苦労した。連邦政府から補助金をもらっている関係で、ELLs 学習者を認定する際にもコンソーシアム参加州が統一の基準を用いなければならなかったからである。また両コンソーシアムとも computer-based assessment を使用する予定なので、テクノロジー面でも共通の方式を使うために、ソフトウエアの開発面でも共通理解の上で準備しなければならなかった。

5.3　標準から現場への具体化

　最後に本章で述べたことを教育現場の視点からどのように具体化するかを示す例で締めくくりたい。米国 NJ 州 Milltown School 地区の例（学力段階では一番低いレベル（Pre-K-K 園児から 2 年生まで）の例である。ACTFL の呼称では Novice low に相当）である。

WIDA の CAN DO Descriptors からの具体化

「特定レベルの英語力に関して、視覚に訴えたり、図形で表したり、あるいは教師からの支援があれば、英語学習者は下記のタスクに必要な英語を解釈あるいは発表することができる」

#1：*Standard 1: Ells Communicate for Social and Instructional Purpose*

 幼稚園：学校周辺の衛生に関する掲示を見分けることができる。

 1－2年：記号や絵を同じ盤上で行うゲームや、隣席の人との活動に結び付けることができる。

#2: *Standard 2: Communicate in Language Arts*

 幼稚園：絵や記号を隣席の人と同じものに結び付ける。

 1－2年：指差したりジェスチャーを使って印字に関する考え方を例示し、一連の絵を用いて物語の流れを示す。

 日本では CAN DO 記述文について、まだ十分に理解されているとは言えない。実際の CAN DO リストを作るには、基準となる Proficiency Standards が必要である。米国では前述のように、下記の 5 つの領域で Proficiency Standards から個々の CAN DO 記述文に具体化される。日本の場合は、取りあえず①と②（国語科を英語科に代えて）が中心になるであろう。しかし、将来的には、①～⑤にわたって、高校から大学までのカリキュラムを改善する視点とし、さらに、小・中からの教材に生かす方法を検討すべきであろう。

① 社会および教育のための言語 (Social & Instructional Language)
② 国語科の言語 (The Language of Language Arts)
③ 数学科の言語 (The Language of Mathematics)
④ 理科の言語 (The Language of Science)
⑤ 社会科の言語 (The Language of Social Studies)

 ＊本章の一部は、CAN DO リストをテーマにしている関係で、参考文献（髙梨庸雄、2015）と一部重複することをお断りしておく。

参考文献

ACTFL. (2014). ACTFL Proficiency Guidelines 2012. Retrieved January 11, 2014 from http://www.actfl.org/sites/default/files/pdfs/public/ACTFLProficiencyGuidelines2012_FINAL.pdf.

CEFR .(2001). *Common European Framework of Reference for Languages: Learning, teaching, assessment.* Cambridge: Cambridge University Press.

Council of Europe. (2005). Survey on the use of the Common European Framework of Reference for Languages (CEFR). Retrieved January 15, 2013 from COE/DGIV/LANG (2006) 2 .

Council of Europe. (2015). Survey on the use of the Common European Framework of Reference for Languages (CEFR). Retrieved August 30, 2015 from https://www.coe.int/t/dg 4 /linguistic/Source/Surveyresults.pdf.

Davies, A., Brown, A., Elder, C., Hill, K., Lumley, T., McNamara, T. (1999). *Dictionary of language testing.* Cambridge University Press.

Milltown School District. (2009). ESL (English as a Second Language) Curriculum. Retrieved January 14, 2014 from http://milltown.schoolfusion.us/modules/groups/homepagefiles/cms/285543/File/Stephanie/ESL%20Curriculum%202013.pdf.

TESOL International Associations. (2013). *Overview of the Common Core State Standards Initiatives for ELLs.* Alexandria, VA: Author.

U. S. Department of Education. (2001). No Child Left Behind: What Parents Need to Know. Retrieved July 22, 2013 from No_Child_Left_Behind.pdf.

WIDA® Consortium. (2009). *The English Language Learner CAN DO Booklet.* Grades PreKindergarten-12.

髙梨庸雄（2015）「実践・研究・行政の三位一体化」井村誠（代表）・拝田清（副代表）（2015）『日本の言語教育を問い直す―8つの異論をめぐって―』（森住衛教授退職記念論集）三省堂.

投野由紀夫［編］（2013）『CAN-DOリスト作成・活用　英語到達度指標CEFR-J　ガイドブック』大修館書店.

（公開発表会）http://www.cefr-j.org/CEFR-JSymposiumProceedings.pdf.

根岸雅史「CAN-DOリストは日本の英語教育に何をもたらすか」. Retrieved January18, 2014 from (http://www.britishcouncil.jp/sites/ britishcouncil.jp/files/ji_diao_jiang_yan_ 2 _can-do_risutohari_ben_noying_yu_jiao_yu_nihe_

womotarasuka.pdf.
文部科学省（2011）「新学習指導要領（中学校　平成20年版、高等学校　平成22年版）の円滑な実施に向けて」.
文部科学省（2013）「各中・高等学校の外国語教育における「CAN-DOリスト」の形での学習到達目標設定のための手引き」文部科学省初等中等教育局.

第 **7** 章

英語の文字と音の関連規則の理解
―リーディング能力とスペリング能力における役割―

　2020年に全面実施される予定の学習指導要領では、その年度から英語を教科として小学校5、6年生を対象に週2コマ（1コマは45分）年間70コマ相当教えることになる。また、小学校3、4年生でも「外国語活動」が週1コマ年間35コマ行われることになる。小学生の英語を学ぶ時間を増やすというこのような試みは、小中連携をより円滑にさせるためだといわれている。

　一方、現行の学習指導要領では、小学校5、6年生が外国語を初めて学習するので負担をかけないようにという配慮から、授業は聞いたり話したりする活動を通して英語に親しむよう導くという設定である (p.10)。音声を取り扱う指導に関しては、ネィティブ・スピーカーや外国語に堪能な人々とのコミュニケーションの機会を積極的に取り入れることはもとより、CDやDVDなどの視聴覚教材を使うなどの工夫をし、学習者に日本語とは違った音声やリズムに慣れ親しませることを勧めている (p.19)。

　小学校で行われている授業内容に関して、ベネッセ教育総合研究所では2回にわたって指導者にアンケートを行っている。第1回調査 (2006) では、低学年、中学年、高学年ともに「英語を聞いたり話したりする活動」と「英語の音やリズムに触れたり、慣れたりする活動」を一番多く行っており、次に「外国の人と交流する活動」となっている。第2回調査 (2010) では、外国語（英語）活動について具体的に質問しているが、それに対する回答は「英語のあいさつ98.7％」、「ゲーム98.5％」、「英語

の歌やチャンツ91.9％」、「会話練習87.7％」、「発音練習82.9％」となっている。一方、英語を読み書く活動に関しては、「英語の文字や文を読むこと29.9％」、「英語の文字や文を書くこと16.5％」となっている。特に第2回調査から、音の理解に関する活動は、「音を聞き、発音してみる」といった内容が主流であることがわかる。また、英語の文字を読む活動は約30％、英語を書く活動は約20％以下となっている。英語学習を始めた小学生の指導はこれでいいのだろうか。

　RRプログラムでは、英語を主要語(L1)として学ぶ児童の読み書き能力の回復には、言葉の音声、言葉を表す文字とその意味の理解が重要とみなされている。RRを実施している英語圏の国々では、読み書き能力回復の鍵は文字と音韻の関係を理解させることであり、フォニックス指導をすることが肝要であるとされている。日本の小学校でもその重要性を踏まえて、フォニックス指導を行っている学校があるが、この指導にういは、日本の児童英語教育関係者の間で賛否両論がある。本稿では、RRプログラムの効果に注目することから出発しているため、日本の小学校英語の効果的な指導法について思案するにあたり、日本の小学生にとっての英語の音素と文字の理解を深める必要性について議論していく。既に主要語(L1)として習得過程にある音節方式（仮名文字）と表語方式（漢字）を持つ日本語の音、文字、意味の相互関係の理解がL2の英語の文字と音素の理解にどのような影響を及ぼすか、ここでは諸理論や仮説、研究結果を基に考察する。

　英語習得で音韻能力の重要性が話題となる中でphonemic awareness（音素認識または音韻認識）とphonological awareness（音声認識）という語がある。Phonemic awarenessは、1990年代にリテラシー教育と失読症の研究が盛んに行われたときからよく聞かれており、音声言語によるコミュニケーションの際に音の区切りについて特に意識するという意味である(International Reading Association, 1998)。Phonemeとは、語を発音するときの音の最小単位である音素を意味する。Phonemic awareness

とは、フォニックス指導や音声言語の習得のときに、語の区切り(segments)を意識させ、音の最小単位が異なることによりその語の意味が違ってくることを理解させ、音素と文字の関係を理解することである。一方 phonological awareness は、音素より大きな単位であるシラブル(syllables)、音節の始まりにある子音群(onsets)、音節の終りにある子音群(rimes)を含んだ語の理解まで含むと考えられる(International Reading Association, 1998)。英語の文字、音、意味の相互関係の理解について考えるとき、音素と文字の関係に注目している研究が多く、その場合はphonemic awareness という語を使っている。

　英語の文字、音、意味の相互関係の理解の仕方について考えるとき、学習者の母語と目標言語の書記体系と音韻符号化規則の違いが問題となってくる。世界の主な書記体系には、アルファベット方式、音節方式、表語方式があるが、外国語を学ぶ際に、学習者の母語と目標言語の書記体系の違いが習得に影響を与えるという仮説があるからだ。文字で表された語 (word) を発音するときに一つ一つの文字と発音の関係を考えると、この3つの書記体系は文字数が異なることがわかる（門田、2002）。例えば、アルファベット方式では、アルファベット26文字（書記素）がそれぞれの音素を表しているため、他の2つの書記方式よりも少ない文字数で音声言語を表すことになる。一方、音節方式の例としては、日本の仮名文字がある。「ねこ」のように、書記素が「ね (ne)」「こ (ko)」と子音＋母音の音節2つから構成されていることから、アルファベット方式より文字数が多くなることがわかる。漢字に代表される表語方式では、語の単位が漢字一つの文字 (logographic) とそれに対応した発音、そしてそれに対応した意味を持つという関係が成り立っている。語の数だけ文字があるので、その数はかなり多くなる（門田、2002）。英語で使われているアルファベット方式と音節方式では、音素を表す書記素や音節が並んでいる塊が、ある一定の意味を表す単語となっており、書記素が変換規則によって音素または音節ごとの区分で語を構成していく。漢字などの表語方式の文字の場合、その語の発音を知っていれば音韻化で

き、その語ごとに意味があるため、語のつくりから意味を推測することもできる。

　また、文字の音声化に関する正書法深度仮説 (Orthographic Depth Hypothesis) によると、書記素から音韻への変換方法の違いという視点から、学習者の母語の書記システムと目標言語の書記システムの違いが外国語学習者の目標言語の読みとテキスト理解に重要な影響を与えると推測される。この仮説では、浅い正書法と深い正書法という考え方があり、前者は文字と音の間に高い規則性があり、後者は比較的その規則性が低い場合をいう。例えば、イタリア語は浅い正書法の場合であり、英語は深い正書法の場合であると言われている。

　RRプログラムの言語指導では、毎回30分間で行われているタスクで常に語の文字、音声、意味の相互関係の理解が重視されている。RRプログラムの指導の核となっているこれら3要素の関係を説明する理論として「二重経路モデル」と「二重アクセスモデル」がある。読み手は、テキストに書かれている語を読んでいく過程で、それぞれの語を音声化するとき、またその意味を理解するとき、どのようなプロセスを経ているのだろうか。

　読みの研究の中で、語を音読していく過程を説明したモデルとして提唱された二重経路モデル (dual-route model) がある (Wang, Koda, Perfetti, 2003)。比較的深い正書法を持っていると考えられている英語や、日本語の仮名文字のように極めて浅い正書法を持っている文字と音韻の関係を説明することができる。この二重経路モデルの一つのルートは、不規則な関係の文字と発音の対応のために使われる語彙ルート（lexical route、または addressed route と呼ばれている）で、文字が提示されると語彙情報の集合体であるレキシコンを経由して語全体として理解されてから音読される（門田、2002年）。もう一方の集積ルート（assembly route または non-lexical route と呼ばれている）は、規則的な関係の文字と発音の対応のために使われ、レキシコンを経由せず書記素から音韻規則に基づいて変換して音読するルートである (ibid.)。そしてこの集積ルートを通

る読み方は、自動化した速いプロセスであるといわれている (Wang, Koda, and Perfetti, 2003)。日本語の処理過程を例に考えると、漢字を読み理解する過程では、漢字の形態と発音の関係は語全体として決まるため、語彙ルートを経由していると考えられ、英語のアルファベットの音読の際も文字と音韻の関係が不規則であるため、このルートを使っていると考えられる。一方、日本語のかな文字理解やイタリア語を読む場合は文字と発音の関係が規則的であるため、集積ルートを使っていると考えられる。

また、読みの研究では、異なる書記素を持つ言語間での語彙理解の過程を説明するモデルとして二重アクセスモデルがある。このモデルは、読み手が語彙の意味を理解する際に、書かれている語彙の形を分析（これを書記素の分析という）して、語彙の音声理解と意味理解のプロセスを説明している。この語彙の意味理解への二重アクセスモデルによると、語彙の意味理解のプロセスには二通りあると考えられ、それぞれを音韻ルート、非音韻ルートと呼んでいる（門田、2002）。音韻ルートは音読するとき、いわゆる正書法表象 (orthographic representation) または形態表象 (graphic representation) から語の意味理解に至る過程で音韻表象 (phonological representation) を経由するという説である。もう一方の非音韻ルートは、人が視覚情報として語彙を認識し、その語彙の音声理解の過程を経ずに、正書法表象の分析から直接意味理解するという直接アクセス説である。このモデルに基づいて考えてみると、日本語話者は漢字を理解するときにはしばしば音韻認識をせずに意味理解をしている可能性があり、音素の違いが語の意味の違いを引き起こす英語の理解の場合には、音素への注意を喚起する必要があるのかもしれない。しかし、音韻を媒介としないこの直接アクセス説と音韻ルート説のどちらか一方が有効であるということではなく、語彙の意味理解のために読むときに非音韻ルートで意味理解ができなかったときは音韻ルートを使うなど、両方のルートを使っていると考えている研究者が多い (Wang, Koda, Perfetti, 2003)。

上記で述べられているそれぞれの言語の書記素の相違や２つのモデルから、学習者の主要語の書記素の違いが、目標言語の読解能力に影響を与えるのではないかという示唆が得られる。漢字、仮名文字、ひらがなを使っている日本の学習者が、アルファベット文字、発音表記、文字で表された語を見て意味を理解しなければならないときには、その英語学習のために訓練が必要であると考えられるであろう。そのような理解がなければ目標言語による読み書き能力を伸ばすことはできない。

　また、母語習得における音声知覚の発達という観点から考えると、乳児は、生後10か月ごろに既にその音声知覚が母語の音韻体系に慣れてくるため、第二言語特有の音韻の知覚がその後次第に困難になってくる（林、1999）。日本語の場合、音声の知覚の単位は一定の長さを持った音の分節単位であるモーラ (mora) であり、そのモーラは英語の音の最小単位である音素より大きいため、日本語の音声体系に沿って音声知覚を発達させる日本人にとって英語の音節の知覚は難しいと感じることになる（湯澤、関口、李、2007）。このように音声知覚の発達を考慮すると、小学校５、６年生が英語の音を知覚できるようになり、発音の質を上げるためには、語の音素と音声の理解に重点を置く bottom-up 的訓練が肝要だということになる。

　実際、学習者の母語が目標言語の理解に影響力があることを示している研究に Wang, Koda, Perfetti (2003) がある。この研究では、書記素要因と音韻認識能力について調査を行っており、学習者の母語の書記要素が、目標言語の読みに影響を与えるという結果を報告している。Wang らは、morpho-syllabic writing system である中国語を非アルファベット文字とし、ハングル文字が英語と同じように音素から構成されているため韓国語をアルファベット文字に基づいた言語として、中国語を母語とする英語学習者と韓国語を母語とする英語学習者を被験者として英語をどのように習得するかを調査した。そしてその実験結果から、中国語を母語とする学習者は、英語を理解する際に音声情報には頼らず、書記情報を手掛かりとする傾向があることから、英語を理解するときには、学習者が母語

の書記システムを使って理解しようとしていると結論付けている。

　アルファベット文字を使って生活する人の言語能力とその音韻認識能力には密接な関係があると示唆している多くの研究の中に、GoswamiとBryant (1990) がある。彼らは、その著書の中で児童の音声認識 (phonological awareness) は、児童が読み書きを学ぶとき重要な役割を果たすと述べている。GoswamiとBryant (1990) は、アルファベット文字の言語を母語とする児童と非アルファベット文字の言語を母語とする児童（日本人）の場合で、その読みの力と音韻認識能力の因果関係を調査した。その中で、児童はアルファベットを習った結果として音韻を認識するようになったと結論付けており、音素の単位に区切ることのできる能力を引き出すのは、アルファベット文字による読み書き能力 (alphabetic literacy) であると説明している。

　また、Bowey (1996, 2001) は2本の論文（章末参照）の中で、英語を母語とする児童を被験者とした研究を実施し、英語の音韻作動記憶と語彙知識量の関係を調査した結果、英語における音素認識能力はその言語による語彙の知識量と関係があると結論付けている。de John, Seveke, & van Veen (2000) は、オランダ語を母語とする幼稚園児を被験者として、音韻認識能力と、ある物を見せて既に知っている名前と知らない名前を関連させて学習できる能力との関係を調査した。その結果、音韻認識能力は、知らない音韻構造を持つ新しい語の名前の学習に役立つと結論付け、さらに音韻認識能力を訓練すると知らない物の名前の習得を助けると述べている。

　上記のような言語能力と音韻認識能力の関係を裏付ける研究が発表されている状況で、ニュージーランドを始めとする英語圏の国々で実施されているRRプログラムが読み書きに躓いた児童の能力を効果的に回復できる理由として、フォニックス指導が含まれていることがしばしば話題となっていることは納得がいくであろう。オーストラリアの文部科学大臣であったBrendan Nelsonが読みに関する大規模な研究で、様々な研究者と国家レベルの調査を行い、後にThe Nelson Reviewと呼ばれた調

査書の中で、読みの苦手な児童を含む全ての児童にアルファベット文字と音素の関係を教えるフォニックス指導をすることを強調している（小野、高梨、2014）。オーストラリアでは先住民族の児童の場合も含め、多くの児童が最低限の読み書き能力を回復させることが急務となっている状況にあり、アルファベット文字と音素の関係の明示的な指導といったbottom-up的指導が必要だというわけである。

　GoswamiとBryant (1990) はまた、Read, Zhang, Nie, & Ding (1986) の日本人児童の調査結果について言及しながら、読み書きのできる中国人と比較して日本人児童の方が音素に敏感である理由として、日本人児童が仮名文字を学ぶときに音節を意識させるような教え方（例えば仮名文字を教える際に、異なる仮名文字「か、こ、き」が (ka, ko, ki) のように、同じ"k"の音で始まることもあれば、異なる仮名文字「か、な、た」が (ka, na, ta) のように同じ"a"の音で終わる語もあることに注目させる）をしているからではないかと指摘している点は興味深い。日本語を母語としている学習者にとって、日本語と英語の書記体系と音声体系の相違は、これまで述べた二重経路モデルや二重アクセスモデルの理論によると、英語学習を困難にするのではないかと考える根拠になる。しかし、日本語の仮名文字の知識を土台にして、英語の音素への注意を喚起するという指導方法を提案できる可能性がある。

　これまでは、読みの過程での語彙レベル（ここでは主に語彙のレベルであり、文章やパラグラフ理解といったいわゆる文章読解能力ではない）における音韻認識、書記素、語彙の意味理解のつながりの理解が重要であるという研究結果をみてきた。今度は、書記言語における文字の違いではなく、文字を書く能力（スペリング能力）とリーディング能力（または語彙レベルの音読能力）の関係から音と文字の関連規則の理解の役割を考えてみる。

　Wade-WoolleyとSiegel (1997) の研究では、母語話者であるかL2学習者であるかに関わらず、スペリング能力には音素と文字を結び付ける能力が関係しているという結果を報告している。この研究では、英語を第

2言語として学んでいる8歳児40人と英語母語話者33人の児童をテストにより読みの苦手な児童と平均的な読みの力のある児童に分け、彼らのスペリング能力とリーディング能力（英単語の音読）の関係について調査した。L2学習者と母語話者のスペリング能力は、疑似語の音読 (decoding) と音素の削除問題（ある英単語を提示して、その単語の中の一つの音素を抜いた後に何が残るかという質問）との間に相関関係がみられた。

さらにこの実験では、L2学習者と英語母語話者の両方をテストで平均的な読み手と読みの苦手な学習者に分けて、スペリング能力と読みの力の関係について統計処理（重回帰分析）を行ったところ、被験者の母語の違いに関わらず、読みの苦手な学習者は、文字を一定の順序で配列する、分節に分ける、音素と文字をつなげることが、平均的な読み手より苦手であることがわかった。つまり、スペリング能力がリーディング能力（この実験ではdecoding能力）とも関係があるというのである。RRのライティング活動では児童が書いた語が間違っているときに、音素と文字を意識させる指導を行っているが、この指導が語の読み書き能力向上に有益であることは、このWade-WoolleyとSiegel (1997) の研究によっても裏付けられる。

18人の日本人学習者を被験者としてL2の読解能力（この場合はreading comprehension）とスペリング能力とが、実在の英単語と疑似語の即時認識能力とどう関わっているのかを調査したYamadaとKawamoto (1991) の研究では、英単語および疑似語の即時認知能力の方が読解能力よりもスペリング能力と密接に関係があると結論付けている。この研究では、被験者を読みの能力とスペリング能力の両方ある人 (R＋S＋)、それぞれ片方の能力がある人 (R＋S－, R－S＋)、両方の能力が不足している人 (R－S－) に分けて、英単語と疑似語について即座に認識するテストと即座にスペリングがわかるかを試すテストを行い、どのタイプの被験者がどのような成績を出すかを測定したというものである。実験結果として、自動的に英単語を認識する能力と、音と文字の関

係についての知識を含むスペリング能力は、いわゆる英文読解能力とは幾分別々に学習され、特にL2学習者にその傾向がみられるという見解を述べている。さらに、スペリング能力のある学習者は、文字を瞬時に記憶することにたけており、以前見たことのある綴りをよく覚えているのではないかと指摘している。

　上記までの研究結果から、語の音と文字のつながりの理解を目的としたスペリング指導は重要ではあるが、この訓練が必ずしも文章理解というreading comprehension能力の向上につながらないのではないかという示唆を得ることができる。

　RRプログラムの指導ではRR教員が、フォニックス活動とともに読みの活動でもライティング活動でも、常に児童に音素を理解させ、スペリングと意味を結び付け語の成り立ちを教える指導がコア学習となっている。そして、その語レベルの理解を基に、cut-up story活動で文中の語と語のつながりの規則性（文法）について児童の注意を喚起し、児童の興味や生活の中で起こりうる事柄について質問し言語学習に関連付けながら、recasting、promptsや内容についての質問を投げかけるなどのscaffoldingを行い、interactionを通して文レベル、パラグラフレベルの内容理解を助ける指導を行っていく。この児童とのinteractionが、語レベルの理解（bottom-upレベル）とそのレベルを超えた読解能力(reading comprehension)の養成を結び付ける役割を果たしているのである。日本の小学校での英語指導でも、音と文字の関係を理解することの重要性を強調して、フォニックス指導を積極的に行っている教師もいる。しかし、文字教育を取り入れた英語指導を効果的に行うためには、語レベルの音と文字の関連規則の理解と高次の読み書き能力養成をつなぐためには、教師とのinteractionを交えた読み書き活動が必要となるであろう。

参考文献

Bowey, J. A. (1996). On the Association between Phonological Memory and

Receptive Vocabulary in Five-Year-Olds. *Journal of Experimental Child Psychology, 63,* 44-78.

Bowey, J. A. (2001). Nonword repetition and young children's receptive vocabulary: a longitudinal study. *Applied Psycholinguistics, 22,* 441-469.

de Jong, P. F., Seveke, Marie-José, and van Veen, M. (2000). Phonological Sensitivity and the Acquisition of New Words in Children. *Journal of Experimental Child Psychology, 76,* 275-301.

Goswami, U. and Bryant P. (1990). *Phonological Skills and Learning to Read.* New York: Psychology Press.

International Reading Association. (1998). *Phonemic Awareness and the Teaching of Reading A Position Statement from the Board of Directors of the International Reading Association.* Newark: International Reading Association.

Read, C, Zhang, Y., Nie, H. & Ding, B. (1986). The ability to manipulate speech sounds depends on knowing alphabetic spelling. *Cognition, 24,* 31-44.

Wade-Wolley, L and Siegel, L. S. (1997). The Spelling Performance of ESL and native Speakers of English as a Function of Reading Skill. *Reading and Writing: An Interdisciplinary Journal, 9,* 387-406.

Wang, M., Koda, K., and Perfetti, C. A. (2003). Alphabetic and nonalphabetic L1 effects in English word identification: a comparison of Korean and Chinese English L2 learners. *Cognition, 87,* 129-149.

Yamada, J. and Kawamoto, N. (1991). Reading, Spelling, and Recognition of Briefly Exposed Words and Nonwords. *Perceptual and Motor Skills, 73,* 387-395.

小野尚美・髙梨庸雄（2014）『「英語の読み書き」を見直すReading Recovery Program研究から日本の早期英語教育への提言』金星堂.

門田修平（2002）『英語の書きことばと話しことばはいかに関係しているか―第二言語理解の認知メカニズム』くろしお出版.

林安紀子（1999）「声の知覚の発達」『ことばの獲得』（桐谷滋編）ミネルヴァ書房　pp.37-70.

ベネッセ教育総合研究所（2006）第1回小学校英語に関する基本調査（教員調査）.

ベネッセ教育総合研究所（2010）第2回小学校英語に関する基本調査（教員調査）.

文部科学省（2008）『小学校学習指導要領　外国語活動編』開隆堂.

第8章

フォニックス・スクリーニング・チェック

1　外国語、第二言語を超える「英語学習者」の理念

　2011年9月、英国では小学校1年生全員に法的拘束力を持つフォニックス・スクリーニング・チェック(Phonics screening check)（以下PSCと略記することがある）が実施され、2012年、その結果がTechnical reportとしてStandards & Testing Agencyから発表された。本稿はその内容を要約しながら、それに対応する日本の英語教育の問題点を取り上げて検討する。なお、phonics screening testと呼ばれることもある。

　スクリーニングとは、医学の例で言えば、疾病のある者あるいはその疑いのある者を発見し、疾病や障害の早期治療並びに予防対策を目的に行われる。フォニックスは音声学的解釈に基づく読み・綴り字の指導法であるから、そのスクリーニング・テストとは読み・綴り字の能力を診断し、治療的指導を必要とする児童・生徒を見つけて、その能力の回復を図ることを目的とするものである。

　日本では小学校5、6年生を対象に年間35時間実施されている「外国語活動」がある。それは実質的には英語教育であるが、音声と文字に関連して学習指導要領には次のように記されている。

　「外国語でのコミュニケーションを体験させる際には、音声面を中心とし、アルファベットなどの文字や単語の取扱いについては、児童の学習負担に配慮しつつ、音声によるコミュニケーションを補助するものとして用いること。」(p.19)

英語教育という同じ領域に関するものなのに、日本と英国の間に存在するこの大きなギャップの背景には何があるのだろうか？児童・生徒にとって英語が母語なのか外国語なのかによる違いだととらえる人もいるだろう。しかし、統計的には、近年、英国で英語を母語とする人口の割合はかなり低いと言わざるをえない。下記はBBC（英国放送協会）のWebページに"How British is Britain?"（英国はどのくらい英国的か）という見出しで掲載された「自分を英国的とみなしている人口の割合」である。その背景には英国の旧植民地からの人口流入が考えられる。このような人口構成の割合では、日本の国語教育のような、文字通りL1 (First Language) としての言語教育ではなく、L2 (Second Language) としての言語教育と考えたほうがよい。

British only by age
CENSUS 2011
(ENGLAND AND WALES)*

Age	%
Up to 19	20
20-39	20
40-59	21
60-74	16
75+	13%

＊この時点ではScotlandのデータは入っていない。

　英語教育に関して日英間に存在する大きなギャップの要因には、表音文字である英語を母語にする場合と漢字仮名混じりの日本語を母語にする場合とでは、英語学習上の困難に対する理解の内容や程度が大きく違うからではないだろうか。日本人の多くは、英語圏における英語教育はL1としての言語教育であると思っているから、外国語として行われている日本の英語教育とは根本的に違い、日本の英語教育の参考にはならないと考える日本人が少なくない。

　明治の中頃から昭和にかけての時代であれば、そのような状況が確かに存在したであろう。しかし、21世紀に入るまでに英語圏の国々には英連邦 (Commonwealth of Nations) の国々からの多くの移民が住むようになり、その傾向は今も続いている。

　一例としてニュージーランドを考えてみよう。ニュージーランドの都市部（オークランド）にある小学校を訪問したとき (2011)、校長先生か

ら、その年度、新1年生として入学した児童の母語（L1）が37言語になったという話を聞いたことがある。これは入学者の約70%は母語が英語以外の言語であることを物語っている。これはかなり多い例かも知れないが、ロンドンだけの調査で英語以外の母語が約300語という調査結果もあるので（英国統計局 <ONS>, 2011）、他の英語圏でも似たような傾向が見られても不思議ではないであろう。米国は言うまでもなく、その傾向が顕著である。このような現状を踏まえて、近年、英語学習者をL1でもL2でもなくELL (English Language Learners) と呼ぶのも、英語圏の多民族・多言語傾向の反映であろう。L2として英語を学び始めた生徒がL1として英語を学び始めた生徒を成績で上回るという例も珍しくない。

2　PSCの概要

　この診断テストでは、40語のリストが20語ずつ二つのセクションに分かれている。どちらのセクションにも実在の語と疑似語が入っている。その内訳は以下のようになっている。

　疑似語にはすべて想像上の生き物の絵がついている。それは被験者の児童にコンテクスト（例えば想像上の生き物の種類を書く）を与えて、疑似語を実在語と関連づける問題ではないことを理解させるためである。

セクション1		セクション2	
1ページ	4つの疑似語	6ページ	4つの疑似語
2ページ	4つの疑似語	7ページ	4つの疑似語
3ページ	4つの疑似語	8ページ	4つの実在語
4ページ	4つの実在語	9ページ	4つの実在語
5ページ	4つの実在語	10ページ	4つの実在語

　セクション1には次のような音韻構造の単語が出される：CVC, VCC,

CCVC & CVCC（C は「子音」Consonants, V は「母音」Vowels）。文字はアルファベットの他に次のような子音の digraph（連字〈2字で1音を表わすもの〉）が出題される：ch, ck, ff, ll, ng, sh, ss, th, zz。また、頻度数の高い次のような母音の連字も出題対象となっている：ar, ee, oi, oo, or。

セクション2では次のような構造が対象となる：CCVCC, CCCVC, CCCVCC および2音節語。さらに子音連字として ph, wh, 母音連字として ai, au, aw, ay, ea, er, ew, ie, ir, oa, ou, ow, oy, ue, ur, a-e, e-e, i-e, o-e, u-e（ハイフンが入っている後半の5連字は split digraph と呼ばれる例：lake の a-e は k によって割られて <split> いる）。ならびに3音連字 (trigraph) からなる air, igh。（セクション1およびセクション2の具体例は下に掲げる。pp.122-123）

表2

First name	
Last name	

Screening check

: Answer sheet

　この PSC は教師と児童が一対一で行い、教師は回答の正誤を記録する。なお、実施直前にどんなことをするのかを例題で練習させる。

各語について然るべき欄にチェックを入れなさい。
コメント欄への記入は自由である。

Screening Word	Correct	Incorrect	Comment	Word	Correct	Incorrect	Comment
tox				Voo			
bim				Jound			
vap				Terg			
ulf				Fape			

geck				Snemp			
chom				Blurst			
tord				Spron			
thazz				Stroft			
blan				Day			
steck				Slide			
hild				Newt			
quemp				phone			
shin				blank			
gang				trains			
week				Strap			
chill				scribe			
grit				Rusty			
start				finger			
best				dentist			
hooks				starling			

3　PSC の実施結果

　ここに要約するのは、Standards & Testing Agency によって2011年に実施され、2013年に発表されたパイロット研究の結果である（参加小学校数：313；生徒数：12,190；生徒の母語数：81）。これらの標本は、2011年度のデータに基づき、地区および Key Stage 1 の reading の到達度において階層化された。これまでの研究の結果、systematic phonics の指導が PSC には最適であることがわかっている（著者注：厳密には systematic synthetic phonics あるいは systematic approach to synthetic phonics と呼ぶのが妥当）。

(1) Phonics の使い方による比較
　次のページの表3は個々の音声－文字の関係を常に phonics を使った

授業と、大半は phonics を使ったが、literacy と他のカリキュラムの活動と併用したクラスの比較であるが、両方に phonics がかなり入っているので、データの解釈には注意が必要である。いつも phonics を用いた指導と phonics を含む literacy 指導の比較では、phonics 中心の指導の方が、有意差は出なかったが基準到達度に達した生徒が6％だけ上回っている。

表3　Phonics の使い方による比較

◆ Always Phonics vs. ◆ Integrate Phonics into Literacy sessions	N (children)	Met the standard (%)	SD	Likelihood ratio	Sig
				30.010	0.000
Always teach phonics in discrete sessions	2295	36	48		
Mostly teach phonics in discrete sessions, sometimes integrate phonics into literacy sessions / other curriculum work	4870	30	46		

＊Retrieved November 25, 2013 from Phonics 2011 technical report.pdf: Standards and Testing Agency.

(2) 誕生季節による比較

　また、下記の表4は、標準値に達した児童数を生まれた季節によって比較したもので、早く生まれた児童の方が達成率が高い傾向にあるが、有意差はない。これは National Curriculum に準拠したテストの結果から予測できたことである。政府はすべての児童に高い期待を持っていたので、PSC の標準値設定に際し年齢（誕生月）を考慮に入れなかった。

表4

	N (children)	Met the Standard (%)	SD	Likelihood ratio	Sig
				152.649	0.000
秋	2876	39	49		
春	2716	31	46		
夏	2872	24	43		

(3) 項目の信頼性

Cronbach's α が0.9を超えているので、項目の信頼性は確保されているが、PSC の項目は単語の形が似ているので、一般にαの数値は高くなる傾向があると言われている。

表5　項目の信頼性

	Whole check	Section 1	Section 2
児童数	12,190	12,190	12,190
平均点	29.25	16.87	12.38
標準偏差	10.30	4.48	6.30
信頼性[*1]	0.959	0.923	0.935
標準誤差	2.1	1.2	1.6

＊1 Cronbach's α

また、全体の標準誤差が2.1であるから、95％の確率で児童の得点の±5の範囲内に真の得点（true score）があることになる。

Section 1の成績が Section 2より better であるが、平均点が高く標準偏差が小さいので、チェック項目としての弁別力は高くないと思われる。

4　日本における音素と文字の指導

日本の中学校英語教科書では、音声と文字との関係については、主として発音記号を例と共に扱ってはいるが、付録的な扱いも含めても片手で数えられるページ数しか掲載されていない。現在（平成26年度）、6社が中学校の英語教科書を出しているが、音声と文字との関係に特化して教科書本文で扱っているのは6社平均で2.6ページ（4ページ2社、2ページ4社）であり、付録的に巻末で扱っているページ数は平均1.2ページ（3社各2ページ；1社1ページ：2社0ページ）である。この程度の扱い方で生徒が音声と文字との関係を理解できるなら、生徒はみな天才である。

音声と文字との関係は中学生にとっても難しいので、あまり深入りしないのだと主張する人もいるかもしれない。しかし、その主張では、幼稚園児から小学校低学年にかけて相当の時間を使って指導している英語圏の実情を考えれば、十分な時間をかけないと理解し習得することはできないということである。日本の小学校外国語活動では「文字や単語の取扱いについては、児童の学習負担に配慮しつつ、音声によるコミュニケーションを補助するものとして用いること」という消極的な扱いであるから、音声と文字との関係についての理解はあまり期待できない。音声と文字との関係はコミュニケーション能力の「素地」には含まれないという考え方に立っているのであろうか。

　中学校の場合、2年生用教科書から新出語には発音記号も併記されるが、それで音声と文字との関係が生徒に十分理解できるように系統的に指導されているのか、かなり疑問である。英語圏では systematic synthetic phonics で、かなりの時間を割いて指導していることを考えると、日本の英語教育は、入門期指導において根本的な誤りを犯しているのではないか、一度熟議してみる必要がある。この種の議論では、「授業時数が少ないから」という理由が金科玉条のように用いられるが、小学校時代の英語教育を真剣に考えるなら、授業時数を増やすべきである。

　日本の英語教師は、高校時代までの教科間の比較では、相対的に英語が得意であったから英語教師になった人が多いであろう。ここに落とし穴がある。英語が不得意な生徒の学習の仕方について、あるいは英語学習のどんなところで躓いているのか、などについて、教師はあまり理解していないことが多い。

　教育職員免許法施行規則第4条、第5条によると、「単位の修得方法―中学校（高等学校）普通免教科に関する科目」として専修免許状、一種免許状の場合は次のようになっている。

> 「英語学、英米文学、英語コミュニケーション、異文化理解について、それぞれ1単位以上計20単位を修得するものとする」

本節の内容に関係がある英語音声学あるいは英語音韻論などは、英語学関連科目として開講されているのか、あるいは履修を義務づけられていないか、不明である。前ページに記したように、英語を比較的得意とする人が英語教師になるので、発音については知っているし、正しく発音できると思っているのであろう。しかし、生徒に音声と文字との関係について、どのように指導するかを授業参観などで見ていると、自分で発音して見せるか、教科書附属の音声教材を聞かせるかのどちらかである。日本語にない発音や注意すべき音声と文字の関係について説明する教師は非常に少ない。

　p.120で述べたように、英国では幼稚園から小学校低学年にかけて、かなりの時間を割いて音声と文字との関係を指導している。その指導の仕方は英国文部省 (Department for Education) のホームページにあるYouTube で視聴することができる。下記の URL にアクセスして実際に確認してみよう。

　　http://www.education.gov.uk/schools/teachingandlearning/assessment/keystage1/a00200415/phonics

画面に bath の綴りと実際に発音する児童の顔が現れる。その児童の発音について発音指導の専門家がコメントする。

例1: *bath*; The child sounds out /b/æ/θ/and then blends to /bæf/which often occurs in 6 year old approaches and is a feature of a number of accents.

例2: *shelf*; In blending, the child has omitted the sound for the letter /l/, and produced the name of the vowel <e>, rather than its sound.

　少し註釈をつければ、例1では、個々の音素は正しく発音したが、それが単語になった場合、/θ/ を /f/ と発音した間違いについて指摘している。

　例2では shelf の4番目の文字 (l) を落し、3番目の文字 (e) を [iː] と

長音で発音したことを指摘している。

　聴覚には個人差があり、絶対音感や相対音感という言葉もある。すべての英語教師に高度の聴覚を期待することはできないが、音声指導の専門家が録音すれば、CD や DVD を複製することは容易である。つまり、個々の教師が努力すれば、あるレベルまで到達できる学習教材はいろいろあるので、教員養成機関や個々の教員（志望者）の努力次第で現状を改善することは可能である。

5　Phonics Screening Check（PSC）と Dyslexia（難読症）

　英国全土で一律に実施されるフォニックス・スクリーニング・テストと難読症とを併記する理由について説明しておく。それは PSC が本章の冒頭で述べたように「読み・綴り字の能力を診断し、治療的指導を必要とする児童・生徒（波線部は筆者）を見つけて、その能力の回復を図ることを目的」としているからである。治療的指導を必要とする児童・生徒の中に難読症の患者も含まれる。それでは難読症とはどのようなものだろうか？

　難読症とは単語や綴りを正確かつなめらかに読むことに関連するスキルに影響を及ぼす一種の学習困難症である。その特徴を箇条書きにすると下記のようになる。

・音韻に関する気づき、語彙記憶並びに語彙処理速度において劣っている。
・難読症は知的能力のいろいろな分野にわたって起こる。
・症状がはっきりしたカテゴリーとして出るのではなく、軽症から重症まで継続帯として考えるのがよい。
・いろいろな面で共起する困難点は、言語、（発声器官等の）筋肉との連携、暗算、集中および人間としての組織化 (personal organisation) で

ある。しかし、これらの項目自体が難読症の症状というわけではない。
・難読症の程度を示すよい指標は、根拠のある教育的介入に対する個々の学習者の反応である (The Rose Report, 2009)。

　難読症の研究が行われるようになってから英国でもまだ半世紀しか経っていない。上記のような症状に気づいた母親たちが、原因がわからず、したがってどうすればよいかもわからず、おろおろしていた時代が結構長かったのである。The Dyslexia Institute は1972年から難読症の患者に指導とサポートを、また教師には専門トレーニングを提供してきたが、2005年、Homsby International Dyslexia Centre と合併し、翌年 Dyslexia Action という名称になった。

　1981年までに英国の12か所の Dyslexia センターを吸収し、1993年からキングストン大学およびヨーク大学認可の Postgraduate Diploma course を提供している。現在、Head Office は Surrey 州 Egham の Park House に置かれている。なお、Dyslexia Institute of America が設立されたのは2007年であるから、米国の難読症の人々も長い間、医学的にも教育的にも、しっかりした支援を受けることができなかったことが推定される。

　表音文字の英語は、印刷術の発明後、本の形で残ったために綴り字が固定化した。しかし、発音の方は時代と共に少しずつ変化したので、現代の英語では発音と綴り字との関係が複雑になっている。換言すれば、音声と綴り字との関係を現代英語にマッチした形に整理し、その教え方を工夫しなければならないということである。Phonics はそれに応えるために考案されたものである。Phonics Screening Check は音声と綴り字の関係を児童・生徒がどの程度理解しているかを診断するためのものである。採点用紙では正誤の判定は必須であるが、誤りのタイプを記録する欄もある。

参考文献

Department for Education. (2013). Check administrators' guide. Key Stage1.

Retrieved November 28, 2013 from http://www.education.gov.uk/schools/teachingandlearning/assessment/keystage1/a00200415/phonics.

Office for National Statistics. (2011). Phonics Screening Check. Retrieved September 20, 2014 from http://www.education.gov.uk/schools/teachingandlearning/assessment/keystage1/a00200415/phonics.

The Rose Report. (2009). Retrieved November 25, 2013 from http://www.interventionsforliteracy.org.uk/assets/Uploads/The Rose- report-June-2009.pdf.

第9章

音声と文字の導入

1 生まれた瞬間から始まることばの習得

　健常な体で生まれた場合、子どもはその日から母語の音声に接することになる。多くの子どもにとって、現代では最初の音声に接するのは家族（特に母親）か産婦人科病院関係者の声であろう。しかし、人間がいろいろな能力や知識を身につけていく過程やメカニズムについては、いろいろなルールや順序が関係しているであろう。例えば子どもが時間の概念を習得するには、デジタル表示と文字盤の時計とでは、どちらがよいのであろうか。小学生の足し算において、結果が10以下の場合と10以上の場合とでは、児童は数の概念をどのように区別するのであろうか。日本語の数字はかなり規則的な構成になっている。日本語で10、11、12、13…と覚えるのと英語で ten, eleven, twelve, thirteen...と覚えるのとでは習得に差があるのであろうか。子どもは「概念」とその「事例」をどのように識別し習得するようになるのであろうか。いくつかの事例から概念を作り、その後に耳にする類似の事例は概念枠の中に取り込まれ、概念がさらに精緻化されていくのであろうか。

　言語を獲得できるのは、言語獲得装置のようなものが人間に生まれつき備わっているからであろうか。それとも人間には、言語のいろいろなルールに気づき、それを整理する広義の認知能力が備わっているからであろうか。それとも大脳の中にあるノード (nodes) が広大なネットワークを形成し、それが多様な情報を処理しながら、ことばのルールを身に

付けるときに共通のノードを形成していくのであろうか。言語獲得のメカニズムやプロセスが完全に明らかになったわけではない。しかし、言語を理解するためには、個別言語固有のコードを音声あるいは文字の理解可能な単位として認識できなければならない。これが decode である。「それができれば話されたことばを理解できるように書かれた文章 (text) を理解できる」と考えるのが simple view of reading と呼ばれる。この考え方による音声・文字のプログラムは語彙認識技能に焦点を当てることになる。語を正確かつ敏速に decode（読み）し encode（綴る）することが子どもたちに不可欠だからである。

　英語圏の児童に比べて、英語を外国語として学ぶ日本の児童は、生まれてから小学校で英語を学び始めるまでに受ける英語のインプットはほぼゼロである。外国からの訪問者が年間1,000万人を超え、外国の主なTVニュースを英語で聞くことができる現代においても、幼少から英語のインプットを受けて育つ児童は、同年代の児童全体の中では限りなくゼロ％に近い。このことは、日本の児童に英語の音声とその文字表現との関係を学ばせる時、かなり慎重にしなければならないことを意味する。小学校入学前までに英語圏の児童が持っている英語の音声インプットを日本の小学校英語カリキュラムでも同じように扱うことは不可能である。時間数が絶対的に足りないからである。小学校の教科書にカタカナ語として使われている英語由来の単語を使うことも一つの方法であろう（相澤・磯、2011；長谷部　他、2011）。しかし、それはカタカナ語の音声が英語本来の音とかなりずれている場合にはマイナスの影響を与える危険性がある。また、カタカナ語は日本語のローマ字表記に基づく (C)V パターンであるから、英語の CCVC（例：step）が CVCVCCV (sute'pu) と発音されて、英語における基本的な音素構造の習得に結びつかないことも懸念される。それ故にカタカナ語を使って英語の phonemic awareness を養うためには、日本語と英語の音素構造の違いを学習の最初の段階から教える必要があり、そのためには音声と共に早期から文字を導入することが不可欠である。

2 上質のフォニックス

　前節で述べたように、英語圏の児童・生徒は正規の学校教育を受けるまでに相当量の英語インプットを受けている。この点は日本と大きく異なる点である。しかし、英語圏の児童・生徒がすべて生まれた時から英語のインプットを受けているわけではない。特に第二次世界大戦後、欧米諸国は、かつての植民地からの多くの移民をかかえているので、最初の数世代の家庭内言語は出身地の言語になる場合が多いからである。そういう状況は国の英語教育カリキュラムにも反映し、幼稚園から小学校低学年にかけて音声と文字の関係について詳しい指導内容が用意されている。例えば英国の文部省は音声と綴り字について high quality phonics（p.134上段参照）に基づくきめ細かな指導が行われている。

　日本ではフォニックス (phonics) という用語を単に音声と文字の関連を指導することという狭い意味で記憶している人が多く、リテラシー (literacy) という概念の特にリーディングにつながる重要な1要素ととらえている人は未だ多くない。書かれた文字列を解読し、その意味を理解するのがリーディングの基本であるが、リテラシーの指導の基本的な指導段階で、リーディングの次の下位技能を統合させる指導が必要である。

◆ 文字記号を知る。
◆ 文字と音声に関連するルールを知る（音素 <phoneme> は抽象的な概念で実際の音声には地域差・個人差があるから、指導する教師には音素への気づき並びに英語音声学の基本的知識が必要である）。
◆ 語全体を把握する。
◆ 書かれたテキストから意味を読み取る。

　上記4つの下位技能を効果的に統合させることの効果は、多くの科学的研究から明らかで、その指導で用いられるのが明確で組織的なフォニ

ックス指導 (high quality phonics) である (Coltheat, 2005, NPR, 2000)。具体的に指導内容を記すと、それは語の読み方と綴り方について、毎日20分間、次のような指導が行われる。

① 音素とそれを文字で表した書記素 (grapheme) の対応関係を整理し、易から難へと漸進的に教えられる。
② 単語を構成する音素をその順序に従って結合 (blend) させる。
③ 単語を構成する音素について結合と分析 (segment) を交互に行わせる。

3　効果量とメタ分析：研究結果の正しい理解のために

　英語教育に関して、国の内外で、毎年多くの研究が行われている。近年、質的研究も増えているが、英語教育史の中で比較すれば、量的研究の方が多い。量的研究においては、何らかの統計的推論が用いられている。従来のやり方では、実験群対統制群あるいは事前・事後テストを比較し、有意差があるかないかによって、その実験で用いられた方法やプログラムの効果を量る目安にしていた。しかし、有意差検定では、データの量が多ければ多いほど有意差は出やすい傾向がある。そのため、有意差があっても実質的効果はない場合も珍しくない。そのため米国心理学会紀要への執筆要綱である *Publication Manual of the American Psychological Association* では第6版から効果量 (effect size) を算出し記入することになっている。

　英語教育に関する一つの領域にしぼっても、毎年、おびただしい数の論文が出ている。トピック毎に分類して、各トピック内で仮説や手法がほぼ同じ研究でも、有意差は必ずしも同じではない。例えば日本の教育現場における Writing の研究で、T という教師が R という研究課題を M という研究法で追求した論文があったとしよう。それが1％水準で有意差があったとしても、それを読んだ O という教師が T と同じ方法で指導した場合、同じような結果になるという保証はない。T と O の指

導技術の差や教えたクラスの違い（学力差、性差、地域差など）があれば、同じ結果にならなくても不思議ではない。「エビデンスに基づく指導」と言っても、本当に信頼できるエビデンスであるかどうかは有意差だけではわからないからである。有意差があっても効果量（effect size: ES と略記する場合がある）が小さい場合には、その指導法は現場ではあまり使い物にならないのである。

　上記のような事情を改善するため、1970年代からメタ分析 (meta-analysis) という方法が用いられるようになった (Cooper & Hedges, 1994)。上記の段落でも述べたように、多くの研究者が同じテーマで研究していることは、同じ学会紀要の10ケ年分のバックナンバーから類似の標題を集めてみればわかる。その結論を統計的に要約するためには、検定の比較に用いた方法によっていくつかの方法がある。例えば 2 群法の場合、実験群と統制群の各平均点の差を統制群の標準偏差で割って効果量を算出する場合が多い。このように先行研究で報告されている効果量の平均を求め、先行研究を量的に結合するのがメタ分析である。NRP (National Reading Panel) のメタ分析によると、フォニックスを用いた指導の reading に対する効果は $ES=0.41$ で、効果量の大きさは moderate（中程度）であり、小学校 1 年生より早い時期に始めた方がより効果的（$ES=0.55$, Cf. 小学校 1 年生になってから始めた場合は $ES=0.27$）であることがわかる。文字列の解読、単語の読み、文章理解及び綴りにおいて多くの児童に効果が見られたという報告もある (Commonwealth of Australia 2005)。なお、効果量は、通常、0.20 (weak)、0.50 (moderate)、0.80 (strong) の 3 段階で判断される。

　また、米国文部省の機関である WWC (What Works Clearinghouse) では、Reading Recovery の i3 Scale-up 研究について下記のようにまとめている（i3とは *i*nvesting *i*n *i*nnovation fund という助成金である）。有意差の有無は勿論であるが、Effect size および Improvement index も記されている。一番左側の研究テーマ (general reading achievement) 欄には、使用した評価テスト (*Iowa Test of Basic Skills <ITBS>*) の *Reading Total* が付記さ

れている。

図2　WWC の事例

Domain and outcome measure	Study sample	Sample size	mean (standard deviation)		WWC Calculations			p-value
			Intervention group	Comparison group	Mean difference	Effect size	Improvement Index	
General reading achievement								
Iowa Test of Basic Skills (ITBS) Reading Total (scale score)	First-grade students, post intervention	866 students	139.24 (7.60)	135.0 (6.20)	4.24	0.61	+23	< .01
Domain average for general reading achievement						0.61	+23	Statistically significant

4　小学校教員養成課程における英語リテラシーの教育：「外国語活動」以後を視野において

　日本では小学校教員養成課程に英語科関連の授業科目を正式に組み込んでいる大学の数や内容は定かではない。小学校における英語教育の変遷が、その理由を物語っている。

・平成4年（1992年）文部省（当時の名称）指定の研究開発学校を中心とする先導的な英語教育に関する実践研究が始まった。「〜中心とする〜」と書いたのは、研究開発学校以外にも京都市や金沢市のように独自に小学校で英語学習を取り入れてきた地方自治体があるからである。それがマスコミに取り上げられると、小学校への英語導入を希望する一般市民も次第に増加した。しかし、この時期の英語教育実践校の割合は全国公立小学校（22,800）の1％にも満たないものであった（松川、2004）。

・平成14年（2002年）度から始まった新教育課程では、「総合的な学習の時間」の国際理解に関する学習枠を活用して「英語活動」を一般の小学校でも取り入れることができるようになった。それに伴い、小学校英語に関する研究会や学会が設立され、小学校教員による実践研究も増えるようになった。当時の文部科学省のデータによると、「英語

活動」を何らかの形で実施している小学校は、3年生で11,724校（全体の51.3％）、4年生で11,957校（52.3％）、5年生で12,327校（53.6％）、6年生で12,806校（56.1％）と5割を超えている。この数字だけを見れば小学校の英語活動が急速に広まったような印象を与えるが、問題はその中味である。授業時数が「年間1時間から11時間」という地域差・学校差があることを知ると、これは英語教育などと呼べるようなレベルではないことがわかる。

・その後、平成15年（2003年）度には研究開発学校が11校指定され、「構造改革特区」として、国際理解や学校英語教育などのテーマを含む研究開発が20を超える地方自治体で行われるようになった。そういう流れの中で平成20年（2008年）8月、学校教育法施行規則第四章小学校　第二節　教育課程に「外国語活動」が明記され、小学校5年生、6年生を対象に必修となった。現在（平成27年度）、3年生、4年生から小学校英語教育を始めることを視野において、それ以降の英語科カリキュラムをどのようにすべきか検討されている。

　問題は小学校で英語を教える人材の養成カリキュラムをどんな内容にするかである。
　結論を先に記せば、最終的には読みのリテラシーに集約できる内容が必要である。それは大別して次の6項目で構成される：

① 生徒が文章中の知っている単語を見つけて、素早く正確に解読する（音素にわける）ことができるように、教師は音素への気づき、語を形成する音素、一瞥語（sight word：dog, cat, big, tall, sing, walk のように短い単語で、これ以上、意味を持つ単位に分けられないもの）などを教える。

② 生徒が単語や単語で構成されている文の意味を理解できるように、教師は児童の語彙を増やす方法や聞き取りの活動を行う。

③ 生徒が世間の一般的な知識だけでなく、読解活動に必要な背景的知識を増やすことができるように、他教科の基本的な概念を単語で導

入する。外来語で始めてもよい。例：アート (art)、ホット (hot)、ガス (gas) など。
④ 生徒が複数の文 (sentences) からなる一つの文章 (passage) には、談話、物語、報告など内容に即した形式（文体）があることを理解できるように、教師は文章の内容と形式に生徒の目を向ける必要がある。
⑤ 文章が複雑になるにつれて、生徒はその内容を分析による多くの思考を用いることが必要になるので、教師は内容に即した論理的思考を教える必要がある。
⑥ 生徒が読解能力を高めるためには、これまで習得した読解技能・知識を目的に即して用いなければならない。文章の難易度が高まるにつれて、タスクを行う時にはより活発な集中力が必要である。単なる精神論ではなく、多様な読解技能とそれに関連する語句・文体に注意するように、教師は文章の内容・形式に即して指導する必要がある（以上6項目は *IES Practice Guide,* 2010を参考にした）。

5　リーディングの階層関係

　一口にリーディングと言っても、4技能の一つという狭義のとらえ方をする場合と、リテラシーの概念を踏まえた広義の場合とでは、その構成要素にはいくつかの違いが出てくる。ここではリテラシーという概念を踏まえながらも、主として小学生から中学生を対象にした英語教育の枠内でリーディングの階層関係を考えてみたい。
　かつて英国では英語教育（日本流に言えば国語教育）について『ローズ報告書』(Rose Report; 2005 <interim>, 2006 <final>) と呼ばれる文書が作成された。Jim Rose は、小学校教員から出発して英国文部省傘下の OFSTED (Office for Standards in Education) の視学官長 (Director of Inspection) まで上り詰め、Sir の称号を授与された人である（ちなみに日本の「主導主事」は明治時代には「視学官」と呼ばれていた）。そのローズ報告書で、1989年から1998年まで用いられた National Curriculum（日本流に略記す

れば学習指導要領）では、フォニックスが必須の指導内容であったが、授業ではしばしばないがしろにされ、指導の特徴としては弱いもので、リーディングの向上にはほとんど役に立たなかったと記されている。（これに関しては、いろいろな異論も出され、National Reading Panel、What Works Clearinghouse などから、フォニックスの種類によっては効果が出ている年齢層や指導内容もあることが述べられている。）

図3は言葉を理解する場合のシステム (comprehension system) の要素を示すもので、灰色の部分は文字がない場合（つまり話しことばの聴解）であり、文字がある場合は図の左下の点線で囲まれた部分が加わる（読解）(Perfetti, 1999)。Visual input で与えられた語彙を識別しながら書き言葉全体の理解を終えることになる。

図4は searchlights model と呼ばれているもので、1998年に導入された時、読解指導の best practice として受け入れられた。テキスト理解に動員される要素として「文脈の知識」が左側に「文法の知識」が右側に位置し、「フォニックス（音声と文字）」が上部に「語彙認知と書記素の知識」が下部に位置している。簡潔でわかりやすい図になっているが、「文脈知識」(knowledge of context) の指導には、特に下位学年の生徒に対し、具体的に説明する工夫が必要である。

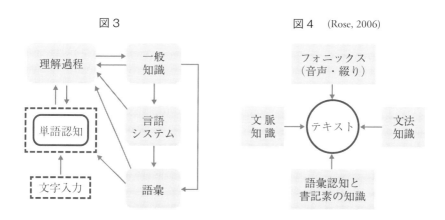

図3　　　　　　　　　　　図4　(Rose, 2006)

左の図と右の図の大きな違いは、左の図では「理解過程」がゴールとして設定されているのに対し、右の図では図全体が理解に係わる要素および枠組みを表している。また、左の図には「一般知識」が要素として入っているが、それを具体的かつ正確に量るのは難しいので、理解過程に係わる要素として入れる場合は慎重な検討が必要であろう。むしろ低学年の場合には、右の図のように「語彙認知」として枠組みに入れるほうが生徒の発達段階に即しているのではないだろうか。

　実践という視点から Rose の枠組みを眺めると、構成要素を個々に教える場合の方法については知っている教員も少なくないと思うが、聴解や読解の指導技術については、最初はあまり知らない教員が多いであろう。日本の学習指導要領（中学・高校）は、活動として挙げてはいるが、それをどのように指導するのかについては説明が十分とは言えない。文部科学省のホームページにおいても、その指導法に関する記述は極めて乏しい。この点については、米国文部省が出している次の 6 項目が参考になる (IES Practice Guide, 2010)。

① 既習知識を活性化したり予測させたりする：
　生徒は既得知識を他の手がかりと一緒に使って、今読んでいる文章から意味を構築したり、この後に続く文章の意味を予測したりして、予測が正しければ、さらに読み続ける。
　上記の行動に導く指導のポイントは、テキストの主題 (main idea) に関して生徒はどんな経験をもっているかを尋ねたり、物語の途中で「この後、主人公にどんなことが起こると思うか」、「そう思う理由は何か」などを尋ねる。

② 生徒に質問をさせる：
　テキスト中の大事なポイントについて生徒が質問を作り、それを wh-questions などを用いて生徒間で質問し合う。
　上記の活動を行わせるためには、wh-questions を記した索引カードを作り生徒に配布しておき、班学習などで質問しあう。

③ 視覚化させたり心に思い描かせる：
　文章に記されていることを心に思い描く。
　上記の活動を行わせるためには、まず、心に思い描くことは読んだことを記憶するのに役立つことを生徒に話す。それから机の上に物体を載せて生徒に観察させ、その後、物体の絵を見せる。最後に物体と絵を取り去ってから、生徒に視覚化させる。

④ モニターしたり、明確化したり、関連づけたりする：
　生徒は読んでいる事を理解したかどうかをチェックし、理解していない時は再読したり理解を助けるようなストラテジーを使う。
　上記の活動を行わせるためには、ストラテジーを交通信号に喩えて、「停止信号」（読むのを止めて、テキストに書いてあることを自分の言葉で言い換えてみる）；「U-ターン」（理解できない箇所を読み直す）を行う。また、カードに読解ストラテジーを記号で書き、隣同士の生徒で理解できないテキストにストラテジーを応用させる。

⑤ 推測する方法を教える：
　テキストの意味を構築しようとするが、テキストに難しい語彙があったり文章の論理がわかりにくい場合には、生徒に意味を「推測」させる。
　上記の活動を行わせるためには、生徒に文章の意味理解を助けるためのキーワードを探させて、そこから文章の意味を想像させる。例えば文章に clowns や acrobats があれば、サーカスに関係したものであろうと推測させる。そのためには見本用文章内のキーワードを探させ、それから文章の意味を推測させるのである。

⑥ 要約させたり言い換えさせたりする：
　生徒に読んだものの要点を簡潔に述べさせたり書かせたりする。
　上記の活動を行わせるためには、生徒にテキストの大意を自分の言葉で述べさせる。生徒がその作業に困難を感じているようであれば、「次にどんなことが起こるの？」「文章は他にどんなことを述べているの？」と尋ねる。
　以上、先行研究を比較参照しながら、日本の小学校児童に英語を教え

る場合の音声と文字の指導について検討した。その中の一部は、実践研究を通して確認作業に入っている（11－12章、pp.155－239）。その結果を踏まえて、さらに音声と文字の指導について研究を深めたい。

参考文献

Borenstein, M., Hedges, L. V., Higgins, J. P. T., and Rothstein, H. R. (2009). *Introduction to Meta-Analysis.* Wiley.

Coltheat, M. (2005a). Quality teaching and the 'literacy debate'. *Professional Educator, 4 (1), 5.*

Coltheat, M. (2005b). Direct, explicit, systematic teaching of phonics is essential in teaching reading. Submission to the National Inquiry into the Teaching of Literacy (Mo.377), Macquarie University. Available at:

http//www.dest.gov.au./schools/literacyinquiry/.

Commonwealth of Australia. (2005). *Teaching of Reading: Report and Recommendations.* National Inquiry into the Teaching of Literacy.

Cooper, H. & Hedges, L. V. (Eds.). (1994). *The Handbook of Research Synthesis.* New York: Russell Sage Foundation.

Department of Education and Skills: Independent Review of the teaching of early reading Final Report, Jim Rose, March 2006.

Institute of Education Sciences. (2010). Improving Reading Comprehension in Kidergarten Through 3rd Grade. IES Practice Guide. Retrieved Feb.9, 2015 from http://files.eric.ed.gov/fulltext/ED512029.pdf.

竹内　理・水本　篤（2012）『外国語教育研究ハンドブック』松柏社.

平井明代（編著）（2012）『教育・心理系研究のためのデータ分析入門』東京図書.

松川禮子（2004）『明日の小学校英語教育を拓く』アプリコット.

第10章

早期英語教育担当教員の資格

1 早期英語教育特有の問題点

　国際的にも日本においても、第二言語あるいは外国語としての英語教育が早期化の傾向を辿っている。Papp (2011) の調査によれば、5歳以前の児童に英語が導入されている国は回答者の42％、6歳児からの導入は回答者の25%、7歳児からの導入は回答者の16%となっている。

　早期英語教育を受けている児童の学習動機に影響を与える要素は、クラスサイズ、授業時間、担当者の早期英語教育訓練の有無などである (Djigunovic, 2009)。何名以上が問題となるかは国によって異なるが、現在では25-30名以上（イギリス）、35名以上（米国）あたりがビッグサイズと考えられている。日本では「小学校設置基準」（第4条）で1学級の児童数は40人以下となっている。教科や児童の発達段階に応じて少人数教育が進められているが、クラスが二つあるいは三つに分かれた場合、担当教員の数、教員と児童との新たな人間関係（担任教師でないグループ）など、検討しなければならない問題もある。日本の経済状況がよかった頃、学級定員が日本の1/2の国に経済援助をしていたが、日本の学級定員をもっと少なくするのが先ではないか、という声が、新聞への投稿欄に何回か載ったことがある。

　文部科学省のWebページ (2015) には下記のようなデータが載っている。

　1学級当たりの子どもの数の平均は、小学校の場合、日本は28.0人、

OECDの平均は21.6人となっていて、諸外国に比べ6.4人も多い(OECD, 2010)。また、30人を越える学級の割合を、日本とイギリスで比較してみると、イギリスは小学校で12％、中学校で10％と少なく、日本は小学校で54％、中学校で82％となっており、日本の1クラスの児童・生徒数はかなり多いことが分かる（調査は日本の場合もイギリスの場合も2009年度である）。何故、日本の学級定員は相変わらず多めなのか。文部科学省はそれに関連して次のように述べている。

　最近の学校は、暴力行為や不登校などが深刻な問題となっており、障害のある子どもや外国人の子どもなど特別な支援を必要とする子どもたちも増加している。さらに、授業時数や指導内容が増加する新学習指導要領が完全実施されることになっていて、学校が抱える諸課題に適切に対応して、子どもたち一人ひとりに質の高い教育を行えるようにするために少人数学級の実現が強く求められている。（文部科学省、2015）。

　学級の児童数が多くなると、どのような問題が生じるであろうか。
① 机や椅子を動かすスペースが小さくなり、班学習に切り替えたり、児童間のコミュニケーション形態を多様化することが難しくなる。その結果、授業活動が一斉学習に固定されてしまうことが多い。
② 教師の十分な机間巡視ができなくなる。
③ 児童も各自の座席に固定されて、活動の種類が限定されてしまう。
④ 児童にコーラス・リーディングをやらせると、声が相対的に大きくなり、隣の教室に迷惑が及ぶ。
⑤ 教材（含む教師の自作プリント）等の準備が指導教員への大きな負担となり、児童の多様性を生かす活動を設定することが困難になる。
　上記のように、クラス・サイズが大きい日本の小学校では英語教育以前の問題が少なくない。教育の問題というより政治・行政の問題であるが、教育の現場ではその対応を迫られるので、英語教育担当者の資格を考える場合、そういう点も無視することはできない。

2　英語教員になるための実習内容

　日本では教員養成課程の授業の一部として「教育実習」がある。実習の事前指導と事後指導は大学の教官が行い、実習校での指導・評価はその学校での指導教官が担当するが、教員養成機関の附属学校で行う場合といわゆる実習協力校で行う場合とでは、多少担当任務に違いがある。附属学校の場合は義務であるが、実習協力校の場合は、あくまでも「協力」である。初任者研修では新規採用された教員に対して、採用の日から1年間、実践的指導力と使命感を養うとともに、幅広い知見を得させるため、学級や教科・科目を担当しながらの実践的研修（初任者研修）を行うこととされている。日数は年間25日以上で、対象者は公立の小学校等の教諭のうち新規に採用された者で、都道府県、指定都市、中核市教育委員会等が教育公務員特例法第23条に基づいて実施する。その主な内容は、教育センター等での講義・演習、企業・福祉施設等での体験、社会奉仕体験や自然体験に関わる研修、青少年教育施設等での宿泊研修などである（文部科学省、2015）。

　教育実習であろうと教員研修であろうと、教師として基本的に必要な内容がある筈である。まずHarmer (2007) の考えを参照しながら日本の実習・研修を考えてみよう。
① 自省的教師（教師自らの指導と研修内容を振り返ってみよ）
　　「教育実習」の場合は、指導教官から直接、学ぶべき知識や技能を教えてもらえるが、教師になり日々の授業を行ったり、時々、主体的に研修を行う場合は、自分自身の行動を振り返って考えてみる必要がある。その習慣を身につけることが教師としての成長を左右する。
② 指導日誌をつける
　　「日誌」とか「日記」というと構えてしまう人もいるかも知れない

が、それほど詳しいものではなく、記録やメモで結構である。大切なのは記録（メモ）される項目やその回数である。そこから教師は何かを感じ取ることができる。
③ 同僚の授業を観察する

　同僚の中でも、できれば年上のベテラン教諭であればなお結構であるが、指導経験年数が同じであっても、そのコメントは参考になることがある。共に向上する意欲が大切である。
④ 教職関連の文献を読む

　小学校外国語活動に関連する本やジャーナルにも参考になる記事があるので、時間を見つけて目を通す習慣をつけよう。教員の職務は、日本の場合、結構忙しいが、一番大事なのは授業であるから、それを最優先させるようにしよう。そのためには、1教科の教員だけでなく、職員全体で「授業で何が大切か」、「改善すべきことがないか」を考えてみよう。
⑤ 研究会・研修会

　いろいろな研究会や研修会を活用するようにしよう。ただ集まるのではなく、インターネットを活用して情報やアイディア交換をするための組織を作り活用しよう。
⑥ アクション・リサーチを行う

　自分の授業で何が問題か、それを改善するにはどうすればよいか (Action)、改善へのアイディアを試行して、その結果を分析・検討してみよう (Research)。

3　早期英語教育教員になるためのカリキュラム

　日本の場合、小学校教員として採用される教師の何％が早期英語教育（2014年現在、「外国語活動」）教員になるための実習をどの程度経験しているのであろうか。「外国語活動」が必修ではあるが教科ではないというカリキュラム上の位置付けや教育職員免許法に「外国語活動」につ

いての実習について具体的な記述がないこともあって、その実態は不明である。中学校教員免許状の場合は、4週間の教育実習とその前後に行う「事前および事後の指導」が必要単位として加えられたことにより、教育実習の必要単位数が5単位になっている。また、2010年以降大学に入学して教職課程を履修する学生は、「教職実践演習」（2単位）という科目を「教職に関する科目」として修得する必要がある。中学校の実習では主専攻だけであれば1教科の実習でよいが、小学校では複数の教科があるので、教科ではない「外国語活動」の実習に割くことができる時間がどの程度あるのであろうか。ここでは文部科学省の下記の通達をもとに検討することになろう。

4　教職実践演習の進め方およびカリキュラムの例

　教育職員免許法施行規則（昭和29年文部省令第26号）第6条第1項の表備考に次の記述がある。
　教職実践演習は、当該演習を履修する者の教科に関する科目および教職に関する科目の履修状況を踏まえ、教員として必要な知識技能を修得したことを確認するものとする（第十条及び第十条の四の表の場合においても同様とする）。
　これに関する「授業の実施にあたっての準備事項例」として次の次項を参考に、各教員養成機関が学生の履修科目状況に応じて主体的にカリキュラムを設定するように述べている。
・教職実践演習の担当教員と、その他の教科に関する科目および教職に関する科目の担当教員で教職実践演習の内容について協議する。
・入学の段階からそれぞれの学生の学習内容、理解度等を把握し、履修する学生一人一人の「履修カルテ」を作成する。

　また、授業で取り扱う内容・方法例については次の例を挙げている。
・イントロダクション・これまでの学修の振り返りについての講義・グ

ループ討論
・教職の意義や教員の役割、職務内容、子どもに対する責任等についてのグループ討論・ロールプレイング
・社会性や対人関係能力（組織の一員としての自覚、保護者や地域の関係者との人間関係の構築等）についての講義・グループ討論
・幼児・児童・生徒理解や学級経営についての講義・グループ討論
・学級経営案の作成・グループ討論
・学校現場の見学・調査
・社会性、対人関係能力、幼児児童生徒理解、学級経営についてのグループ討論
・教科・保育内容等の指導力についての講義・グループ討議
・模擬授業
・教科・保育内容等の指導力についてのグループ討論
・資質能力の確認、まとめ

　なお、単位認定については、実技指導、グループ討論、補完指導、試験の結果等を踏まえ、教員として最小限必要な資質能力が身についているかを確認し、単位認定を行うことになっている。

5　小学校教諭の教職課程における外国語活動の取り扱い

　文部科学省が「免許状更新講習における外国語活動の取り扱い」で述べていることは、小学校教諭の教職課程における外国語活動を考える場合の参考になるので引用する：

○　免許状更新講習の開設に際しては、外国語活動に関する内容を積極的に取り扱うことが望まれること。その他 小学校教諭の教職課程における外国語活動に関する指導や、免許状更新講習を行うにあたっては、別途示す予定の外国語活動の指導に係る資料も参考とされた

いこと。
○ 各都道府県・指定都市教育委員会の実施する小学校教諭の採用選考においても外国語活動に係る内容を盛り込むなど、外国語活動の追加に対応した教員採用の実施に努めることを、平成21年度「教員採用等の改善に係る取組事例」の送付について（通知）（平成20年12月24日付け初教職22号、教職員課長通知）において別途通知していること。
○ 各都道府県、指定都市及び中核市教育委員会の実施する教員研修においては、研修計画が教員の経験に応じて実施する体系的なものとして樹立されるべきことに留意しつつ、外国語活動に係る内容を適切に扱うことが望まれること。また、「初任者研修目標・内容例」に、外国語活動に係る内容を含め別途示すことを検討していること。
○ 文部科学省が実施する小学校教員資格認定試験において、外国語活動に係る内容を出題範囲に含めることを検討していること。

6 教育職員免許法に定める内容

　教員免許状を修得するには、免許状の種類に応じて下記の単位を修得する必要がある。

小学校教員の場合：

専修免許状の場合　「教科に関する科目」（8単位）、「教職に関する科目」（41単位）、「教科又は教職に関する科目」（34単位）

一種免許状　「教科に関する科目」（8単位）、「教職に関する科目」（41単位）、「教科又は教職に関する科目」（10単位）

二種免許状　「教科に関する科目」（4単位）、「教職に関する科目」（31単位）、教科又は教職に関する科目」（2単位）

中学校教員の場合：

専修免許状の場合　「教科に関する科目」（20単位）、「教職に関する科目」（8単位）、「教科又は教職に関する科目」（24単位）
一種免許状　「教科に関する科目」（20単位）、「教職に関する科目」（8単位）
二種免許状　「教科に関する科目」（10単位）、「教職に関する科目」（3単位）

　上に記した教員免許法に関する記述は、小学校および中学校の3種類（一種、二種、専修）の免許状を修得するのに必要な単位数であるが、外国語活動に関連する具体的な内容は未だ記されていない。民間の研修所や東京都のホームページなどが参考になるが、カリキュラムや担当教員養成に国が責任を持って準備すべきであろう。
　最後に、内外の早期英語教育担当教師が、もっと研修を受けたいと思っている事項を以下に箇条書きにしておく：
・授業研究（問題児の対応を含む）をもっと深めたい。
・新しい指導法を試行・検討してみたい。
・班学習および班管理について多様な形態を学びたい。
・英語教育に利用可能な技術および工学は日進月歩であるから、関連情報に注意したい。
・児童心理および生徒の成長段階における学習の特徴を学びたい。
・小学校での英語教育についてさらなる授業実践を続けたい。
・標準的な英語との接触時間を大事にしたい。
・教育における新しい考え方（指導法、教材、ICT など）について学びたい。
・話し方（日本語・英語）の向上に努めたい。
・英語教育はもちろん教員の関連知識を増やしたい。
・「よい教師は生涯学習者」（A good teacher is a life-long learner.）をモットーにしたい。

新学習指導要領

　以下に、2017年3月に文部科学省より公示された外国語活動・外国語科における教育のイメージの一部（中学校と小学校）を付記する。

【中学校】◎外国語によるコミュニケーションにおける見方・考え方を働かせ、コミュニケーションの目的を理解し、見通しを持って目的を実現するための聞くこと、話すこと、読むこと、書くことによる総合的な言語活動を行うことを通して、簡単な情報や考えなどを外国語で理解したり表現したり伝え合ったりすることができる資質・能力を次のとおり育成を目指す。①外国語を通じて、言語の働きや役割などを理解し、外国語の音声、語彙・表現、文法を、聞くこと、読むこと、話すこと、書くことを用いた実際のコミュニケーションの場面において活用できる基本的な技能を身に付けるようにする。②外国語でコミュニケーションを行う目的・場面・状況等に応じて、日常的・社会的で具体的な話題について理解したり、簡単な情報や考えなどを交換するなどして伝え合ったりすることができる力を養う。③外国語やその背景にある文化の多様性を尊重し、聞き手・読み手・話し手・書き手に配慮しながら、主体的に外国語を用いてコミュニケーションを図ろうとする態度を養う。

【小学校高学年】◎外国語によるコミュニケーションにおける見方・考え方を働かせ、コミュニケーションの目的を理解し、見通しを持って目的を実現するための言語活動を通して、聞いたり話したりするとともに、読んだり書いたりすることに慣れ親しませ、コミュニケーション能力の基礎となる資質・能力を次のとおり育成を目指す。①外国語を通じて、言語の働きや役割などを理解し、読んだり書いたりして外国語の文字、単語、語順などに慣れ親しませるとともに、外国語の音声、語彙・表現を聞いたり話したりする実際のコミュニケーションの場面において活用できる基本的な技能を身に付けるようにする。②外国語を通じて、身近で簡単なことについて、文字、単語などを読んだり語順に気付きながら書いたりするとともに、聞いたり話したりして自分の考えや気持ちなどを伝え合う基礎的な力を養う。③外国語やその背景にある文化の多様性を尊重し、相手に配慮しながら外国語を用いてコミュニケーションを図ろうとする態度を養う。

【小学校中学年】◎外国語によるコミュニケーションにおける見方・考え方を働かせ、コミュニケーションの目的を理解し、見通しを持って目的を実現するための活動を通して、聞いたり話したりすることに慣れ親しませ、コミ

ュニケーション能力の素地となる資質・能力を次のとおり育成を目指す。①外国語を用いた体験的な活動を通じて、言語や文化について体験的に理解を深め、日本語と外国語の音声や語順等の違い等に気付いた上で、外国語の音声や基本的な表現に慣れ親しませるようにする。②外国語を通じて、身近で簡単なことについて、聞いたり話したりして自分の考えや気持ちなどを伝え合う力の素地を養う。③外国語を通じて、言語やその背景にある文化の多様性を尊重し、相手に配慮しながら外国語を用いてコミュニケーションを図ろうとする態度を養う。

参考および引用文献

Djigunovic, J. M. (2009). Impact of learning conditions on young FL learners' motivation. In Nikolov, M. (ed.) *Early Learning of Modern Foreign Languages.* Bristol, UK: Multilingual Matters.

Emery, H. (2012). *A global study of primary English techers' qualifications, training and career development.* British Council.

Harmer, J. (2007). *How to Teach English.* Pearson.

OECD (2010)『図表で見る教育』

Papp, S. (2011). *Impact of assessment on the teaching and learning of Young Learners of English: Results of a large scale survey on YL assessment.* Cambridge, UK: University of Cambridge ESOL examinations.

市川寿美子・浦野東洋一・小野田正利・窪田眞二・中嶋哲彦・成嶋隆 (2010)『教育小六法』東京：学陽書房.

文部科学省『初任者研修』Retrieved March 1, 2015 from http://www.mext.go.jp/component/b_menu/other/__icsFiles/afieldfile/2010/10/26/1297943_18_1.pdf.

第3部

小学校英語教育の実践

第11章

実験授業の目的と学習状況分析

1 実験授業の概要

「第2部 小学校英語教育と文字教育」の第7章および第9章で述べられているように、アルファベット文字を媒介とする言語能力（語彙習得のレベルで）を養成するためには、音、文字、意味の相互関係の理解をさせることが役立つ。さらには、英語による読み書き能力向上にもつながる。そのため、英語圏の国々で行われているRRプログラムには、音と文字の関係を教えるフォニックス指導が含まれている。日本の学習者の場合、仮名文字の知識がアルファベットの音韻理解に有利に働く可能性について示唆している研究者もいる（第7章を参照）。一方で、小学校の教科書でカタカナ語として使われている英語由来の単語を使って英語の音を教える可能性も考えられるが、カタカナ語の音声が英語特有の音声とずれている場合はかえって躓きの原因となってしまう（第9章を参照）。その場合は、カタカナ文字を通して学んだ英単語の理解を正しい英語の音声理解へつなげていく方法を模索すべきであろう。RRプログラムが英語を母語とする児童だけでなく、英語を外国語として学ぶ児童にとっても有効な指導法であることからも、音、文字、意味の相互関係の理解をコアとした指導法は、日本で英語を学ぶ小学生にも役立つと考えられる。実際に日本で英語を学んでいる小学生を対象に、フォニックスだけでなく、RRプログラムのように読み書き活動を通してアルファベット文字と音素の関係を教えていくならば、英語はどのように学習

されていくのだろうか。

　平成24年（2012年）9月から平成26年3月まで5学期間、日本の小学校で英語を学んでいる5年生児童に、RRプログラムの指導理念と指導方針に基づいた英語の授業を実践した。都内の公立小学校の小学5年生（男子3人、女子9人の合計12人）を対象に自身の英語教室で英語会話と読み書きを教えている土屋佳雅里先生（公立小学校英語講師）に実験授業の趣旨をご理解いただき、各学期10回、60分のRRプログラムの指導法に基づいた授業を行っていただいた。

　授業を始める前に、小野は土屋先生にRRプログラムについて説明し、指導手順、教材、タスクの内容と時間配分を話し合いにより決めた。60分授業の基本的な流れは下記の通りである。

1. Warming-up
2. Homework check
3. Phonemic awareness training
4. Reading a text,
5. Cut-up story
6. Writing task
7. Closing

　Warming-upでは、日常生活でかわされる簡単な挨拶から始まり、日付の確認、その日学校であった行事や出来事について、児童が答えられるような質問形式で聞く。例えば、"What's the date today? Let's check the date. October the 12th (twelfth). How is the weather today? Fine? Cloudy? Rainy?"というやり取りから入り、"What did you study today? Did you study Japanese?" "Did you study math? Did you study home economics?"などと聞くと、児童は"I studied Japanese. I studied math. I studied social studies."などと答える。"Did you enjoy today's sports festival?" "Did you win?" 毎回このような基本的な英語によるやり取りをすることは、児童にとって英語に慣れる助けになった。また、

Homework checkでは、毎日3回以上読んでくるように指導している英語の読みの宿題、アルファベット文字の書き方を扱った練習問題をやってきているかどうか確認した。

Phonemic awareness trainingでは、児童が躓き易い発音と綴りの関係を音楽に合わせ歌いながら訓練するため、フォニックス指導のためのCDを使いながら行った。扱う音素と文字は、*Hi, friends!*で習った語やこの教室で使ったテキストに出てきた単語に含まれている音素と文字を扱った。今回の実験授業で使ったテキストの1つである*What I Can Do*の中では、下記のような音素と文字に関する活動を行った。

まず先生が、"Let's find what I said. Let's find and pick up three /k/sounds. Let's find the letters!"と質問し、これに対し生徒は、"C, K, Q"を選んだ。これらの質問の後、先生は、"Please make one word by putting these letters in the boxes. Kay, what did you make?"と話しかけ、児童は、"cake" "cook"と答えた。これらの単語は*What I Can Do*の中に出てくる単語であったり（例えば犬がエプロンをかけて料理をしている絵を表して"I can cook."と書かれている）、既に習っていて、児童が普段からよく食べる「ケーキ」を表す単語であるなど、知っている単語を使って音と文字と意味の相互関係を確認した。

Phonemic awareness trainingの後、テキストを読む。平成24年2学期と3学期に使ったテキストには、実際のRRプログラムで使われている教材を使ったが、それらにはCDは付いていなかったので、土屋先生が最初に音読して聞かせた。Roaming around the known（本書第2章参照）の指導方針に沿って、絵のついたテキスト、生徒が既に授業等で習ったことのあると思われる語をなるべく多く含んでいるもの、児童の生活に関係のある内容を含むもの、文のパターンにリズムがあり繰り返す表現を含むテキストという基準から、下記の4冊を選んだ。

Text 1: *What I Can Do* by Pat Harrison

    I can cook. / I can run. / I can sit. / I can read. / I can paint. / I can drive. / I can dance. / I can shake a paw! (「握手をすることができ

る！」犬の手なので、paw となる）

Text 2: *At the Aquarium* by Mary Ann McAlpin

We can see a turtle. / We can see fish. / We can see an alligator. / We can see seahorses. / We can see a shark. / We can see coral. / We can see two dolphins. / We have fun at the aquarium!

Text 3: *Hot and Cold* by Barbara Stavetski

We have chicken. Chicken is hot. / We have salad. Salad is cold. / We have rice. Rice is hot. / We have milk. Milk is cold. / We have corn. Corn is hot. / We have applesauce. Applesauce is cold. / We have bread. Bread is hot. / We have ice cream. Ice cream is **very** cold.

Text 4: *Look for it!* by Kris Bonnell

A frog is in here. Can you see it? / Here is the frog. You can see it. / Look for a deer. Can you see it? / Here it is! You can see the deer. / Can you see a bug? Look for it! / Here is the bug. Can you see it?

　読みの活動では、最初に児童が先生についてテキストを音読することから始める。このとき、先生はペンを使ってリズムを取りながら２、３回読む。内容については絵を見ながら意味を推測させる。先生が prompts を与える、児童同士で意見を出し合うなどによって内容を理解するよう促す。音素指導で出てきた文字に注意を向けさせ、音と文字の関係も教える。一通り読み終わった後で、児童は先生と一緒にテキストを音読する。先生は内容について日本語やわかりやすい英語で質問をし、どの程度内容を把握しているかを確認する。

　Cut-up story のタスクでは、読んだテキストの中からよく出てくる文を選び、先生が細長い紙にその文を書き、生徒と一緒に読みながら単語ごとに切っていく。切った単語を読んだ通りに並べ替える。単語ごとの切れ目の理解、文の成り立ちの理解を促すことができる。

　Writing Task では、児童に英語で日記を書かせる。その日にあったことを英文のひな形を使って、それに沿ってノートに書く。ここでは、ア

ルファベット文字（大文字と小文字の区別を含む）の書き方を教え、発音しながら書かせる。

Closing では「レッスンの振り返り」「宿題の確認」「終わりの挨拶」を行う。まず"That's all for today."とレッスン終了を知らせ、本時を振り返る。振り返りでは、例えば指導者の問いかけ"What did you learn today?"に対し、児童は"I learned ○○."の既習の文型を意識しながら返答する。また、本時でみられた成果や生徒の頑張りを挙げ、褒めて励ます。次に「宿題の確認」では、宿題の内容や宿題を行う際の諸注意を確認する。最後に「終わりの挨拶」では、次回のレッスンに期待を持つよう明るく締める。次回の内容を予告してもよい。

RR プログラムで使われている上記のテキスト4冊と、Oxford Reading Tree シリーズ（CD 付）から *Book Week* と *At the Pool* を RR プログラムの指導方法に沿って教えた。実験授業に参加した小学5年生が5学期間を通して、音、文字、意味の相互関係をどのように理解していくのか、日本の小学生にとって学習し難いと考えられるところや学習しやすいところを把握するために、それぞれのテキストを使って教えた後、復習テストを実施した。それぞれの復習テストの問題は、音と文字、音と文字と意味、文字と意味、音と意味の理解を試すというように目的が明確になるように作成されている。それぞれのテスト問題の正答率と躓きの原因に注目しながら質的分析を行った。

《RR に基づく指導案例》

Text *Hot and Cold*	回・所要時間	1 回目（本の導入）
	ねらい	Text *Hot and Cold* 内容理解、英語表現への慣れ・定着を図る

	時間	内容	指導の詳細		
			流れ	T の働きかけ	Ss の活動、反応など
1	10 min. (-0:10)	Warm-ing up	① Greeting	Hello! / How are you?	Hello! I'm great.
			② Question Time（日付、曜日、天気、今日の出来事等）	What day is it today? What did you study today?	It's Monday. I studied math.
2	5 min. (-0:15)	Homework check	Homework check, penmanship	Have you finished your homework?	Yes! / Not yet.
3	5 min. (-0:20)	Phonemic Training	Phonics Jingle	音素訓練を行う Let's listen and say. 'A' says 'a', 'a', 'apple'. etc.	'A' says 'a', 'a', 'apple'. (listen & say)
4	15 min. (-0:35)	Reading a text	Reading (introduction) *Hot and Cold*	ⅰ．プレ・トークを行う（表紙の質問、ストーリーの予想・確認） ⅱ．初見読みを促す ⅲ．読み聞かせを行う ⅳ.ⅴ リピートを促す ⅴ．一斉読みを促す	ⅰ．T のトークを聞く・質問に答える ⅱ．読みへの挑戦 ⅲ．1 回目は聴くのみ 2 回目は指さしながら ⅳ．T の後に続いて、一文ずつリピートする ⅴ．一斉に読む

	10 min. (-0:45)	Reading & Writing	① Activity Word-search game	選択した音素を含む単語探しを促す ex. Let's find the word that starts with 'a'.	単語を探して回答する I know! It's 'applesauce'.
5			② Cut-up Sentence "We have chicken."	選択した文を、カードに書いた単語ごとに切り離し再構成と発話を促す ex. 'We' + 'have' + 'chicken.'	バラバラになったカードを再構成し発話する
6	10 min. (-0:55)	Writing Task	Diary	Let's write what you did today. ex. 'I studied math. It's hard.'	ノートに今日の出来事を2文書く"Warming up"で話した内容が中心
7	5 min. (-0:60)	Closing	① HW の確認 ② Good-bye	① HW の確認 reading, cut-up story ② See you next time.	① HW の確認 ② See you next time！

参考文献

Bonnell, K. (2009). *Look for it!* Pennsylvania: Reading Reading Books, LLC.
Harrison, P. (2005). *What I Can Do.* (Level One A) Blueberry Hill Books.
Hunt, R. and Brychta, A. (1989). *Book Week.* Oxford University Press.
Hunt, R. and Brychta, A. (1989). *At the Pool.* Oxford University Press.
McAlpin, M. A. (2008). *At the Aquarium.* New York: Short Tales Press.
Stavetski, B. (2010). *Hot and Cold.* (Level 2) New Jersey: Townsend Press.

2 復習テストの質的分析

　この復習テストは、RRプログラムの指導理念や指導方法に基づく実験授業を日本の小学5年生に実施し、語の音、文字、意味の相互関係の理解の様子を把握するために行われた。しかし、日本の教育現場では、近年、個人の立場で実験授業や児童・生徒への調査を行うことは、児童や学校のプライバシーの問題などで非常に難しくなっているので、今回の調査は学校の授業とは別に7～8名の少人数クラスで行なった一種

の試行テストである。習得した英語力の評価・確認の問題というより、個々の問題形式や内容に児童がどのように反応し、どのような問題点が見られたかを調べ、授業やテストの改善に資することを主な目的としている。

　実験授業は、平成24年度の2学期と3学期、平成25年度の1学期から3学期にかけて行った。平成24年の実験授業では、RRプログラムで実際に使われている4つの教材を使って読み書きを中心に英語を教えた。復習テストAは、この4つの教材に基づいている。復習テストAは平成25年2月に一度実施したが、1回目のテストの後、平成25年1学期から学習し始めたテキストと並行して、上記4つのテキストを再度授業で復習し、音、文字、意味の相互関係を繰り返し学習し、知識の定着を図ったため、平成25年9月に再度同じテストで学習状況を調べることにした。復習テストAの範囲となったテキストは下記の通りである。

Text 1: *What I Can Do* by Pat Harrison
Text 2: *At the Aquarium* by Mary Ann McAlpin
Text 3: *Hot and Cold* by Barbara Stavetski
Text 4: *Look for it!* by Kris Bonnell

　実験授業では、RRプログラムの指導方法に基づき、フォニックス指導を通して音素と文字の関係を教え、声に出してテキストを読み、絵を見て内容を推測し文字を理解させ、cut-up storyによって文構成について理解させ、さらに英語で書くタスクを繰り返した。復習テストは、これら一連の指導方法の効果を確認したものとなっている。

　2月に実施したテストの構成は、次のようになっている（176ページから179ページの付録1を参照）。

問題1 （表6の中では①と表す）　意味と文字の関係
　この問題では、テキストの絵を見て、その絵を表す文を完成させるために、空欄に当てはまる動詞または動詞句を選択肢から選ぶというものである。この問題は、言葉の意味と文字の関係を生徒が理解しているか

を確認するためのものである。

問題2 （表6の中では②と表す）音と意味と文字の相互関係

この問題は、教師が英文を読み、その内容を聞いて一致している絵と文字を選ぶ問題である。音、意味、文字の相互関係の理解を試す問題である。

問題3 （表6の中では③と表す）意味と文字の関係

この問題は、それぞれの場面を表している絵を見て、その場面を表している英文を選択肢から選ぶというものである。意味と文字の関係の理解を確認する意図がある。

問題4 （表6の中では④と表す）音と文字の関係

この問題は、教師が4番目のテキストからいくつかの文を読みあげ、生徒は選択肢から適語を選び、教師から聞いた通りに文を組み立てる。音と文字のつながりとともに文構成の理解を確認する問題である。

この復習テストを受けた生徒は11人（生徒はAからKまでとする）であった。問題は4題あり、問題1には8問、問題2には14問、問題3には8問、問題4には3問ある。それぞれの小問はそれぞれ1点と計算し、正答率を％で表示した。また、それぞれの生徒の合計点と、4問の正答率はそれぞれの問題の正答率を合算して4で割り計算した。表6によると、②（音－意味－文字）と③（文字－意味）は生徒にとって比較的易しい問題であったようである。それぞれ絵から意味を推測できるので、適する文字を選ぶことができたと考えられる。一方①（意味－文字）と④（音－文字）はどうであろうか。①の問題は、犬が主役で犬の動作を表すということで、わかりにくかった可能性もある。しかし、この問題も絵があるので、意味の類推が適語の選択を助けたのではないだろうか。④の中の3問ともどこか一か所でも間違えた場合は誤答とみなした。④は音声を聞いて、その英文に合った文を選択肢から選び、書き写し、文頭の文字は大文字にするという問題である。生徒の誤答から、音と文字の一致は難題であることがわかる。

表6 平成25年2月に実施した復習テスト結果

生徒	①	②	③	④	合計	正答率
RR第1回テスト							
A	4(50%)	14(100%)	8(100%)	0(0%)	26	63%
B	5(63%)	13(93%)	8(100%)	0(0%)	26	64%
C	1(13%)	12(86%)	6(75%)	0(0%)	19	43%
D	6(75%)	14(100%)	8(100%)	0(0%)	28	69%
E	8(100%)	14(100%)	8(100%)	1(33%)	31	83%
F	5(63%)	14(100%)	8(100%)	0(0%)	27	66%
G	7(88%)	14(100%)	8(100%)	0(0%)	29	72%
H	7(88%)	14(100%)	8(100%)	0(0%)	29	72%
I	8(100%)	14(100%)	8(100%)	1(33%)	31	83%
J	7(88%)	14(100%)	8(100%)	0(0%)	29	72%
K	7(88%)	14(100%)	8(100%)	0(0%)	29	72%
合計	8問	14問	8問	3問	33問	

④の模範解答：

1問目：A frog is in here.

2問目：Can you see a bug?

3問目：Here it is!

生徒は次のように解答している。波線は誤答を表している。

生徒A： A flag is in hear. Can ---- see a bag. here it is!

生徒B： A frag it in hear. You see a bag. Hear is.

生徒C： A flag --------------------------.

生徒D： A flag it in hear. Can you see a bag? Here it is!

生徒E： A frog is in hear. can you see a bag? Hear it is!

生徒F： a frog it I here. can you she a bag. hear is in see!?

生徒G： A frog is in hear. can you she a bug. here it is!?

生徒H： A flag is in hear. Can you see a bug? Here it is!

生徒I： A frog it in hear. ---you see a bag? Hear Iit i---!

生徒J： I frog it in hear. Can you saa a bag? Here it is!

生徒 K: A flag is in hear.　Can you she a bag.　Here it is!

　誤答例を挙げると、A frog が flag、here が hear、see が she、bug が bag となっている。音声から連想する文字のイメージと実際の正確な文字列は微妙に異なっている。日本人の間違いやすい r と l、see と she、bug と bag のペアから、音と文字のつながりについてさらに指導を行うべきであることがわかる。

　1回目の復習テストの後、答えについて解説した。音と文字の結び付きが弱いことがわかったため、その内容を定着させることを目指し、平成25年の1学期間、新しいテキストを読みながら毎回の授業で復習を行った。平成25年9月に、何人かの生徒がこのテストを再度受け、下記の表7のような結果になった。

表7　平成25年9月に実施した復習テスト結果

生徒	①	②	③	④	合計	正答率
			RR第2回テスト			
A	7(88%)	12(86%)	8(100%)	3(100%)	30	94%
B	5(63%)	8(57%)	8(100%)	3(100%)	24	66%
C	2(25%)	11(79%)	6(75%)	0(0%)	19	45%
D	7(88%)	14(100%)	8(100%)	2(67%)	31	89%
E	8(100%)	12(86%)	8(100%)	1(33%)	29	80%
F	8(100%)	14(100%)	8(100%)	3(100%)	33	100%
合計	8問	14問	8問	3問	33問	

　④に関して、AからFの生徒は下記のように答えている。

　　生徒 A: A frog is in hear.　Can you she a bug?　here it is!
　　生徒 B: A frog is in here.　Can you see a bug?　Hear it is!
　　生徒 C: A flag is in hear.　Can is a dear?　　hed it look.
　　生徒 D: A frog is in here.　Can you see a dag?　Here it is!
　　生徒 E: A frog is in here.　Can you she a bug?　Hear it is!

生徒 F: A frog is in here. Can you see a bug? Hear it is!

　2回目の復習テストでもまだ、here と hear や see と she の区別は難しいようであるが、frog と bug についてはわかってきたようである。また、「大文字にして書く」という指示に従うことができなかったケースもまだ残っている。授業の最初のところで行う音と文字の結び付きを教えるフォニックス活動で、これらの違いをさらに教えていくことにした。

　平成25年の実験授業では、テキスト7冊を使って教えたうちの2つのテキスト (*Book Week* と *At the Pool*) に関して復習テストを行うことにより、RRプログラムの理論に基づく指導方法の学習効果を測った。平成24年度の実験授業と平成25年度の実験授業の主な相違点は、平成25年度の授業では、実際のRRで使われた教材ではなく、Oxford University Press から出版された Oxford Reading Tree シリーズから教材を選んだことである。平成24年度の授業で使ったテキストにはCDが付いていなかったので、生徒は自宅で音を聞いて読みの復習ができなかった。平成25年度の授業ではCD教材の付いているテキストを教師と一緒に読み、生徒は自宅でもCDを聞き、英語の音に慣れる時間を増やすことにした。平成25年の復習テストは、2学期の10月と11月にそれぞれ実施した。

　10月に実施した *Book Week* のテスト構成は、次のようになっている（179ページから181ページの付録2を参照）。

問題1 （表8では①と表す）音素と文字の関係

　この問題は、教師が発音した音がどの文字で表されているか、実験授業の最初のフォニックス指導の効果を観察することを目的としている。

問題2 （表8では②と表す）音と文字の関係

　この問題は、教師が読み上げた英文を聞き、単語ごとの切れ目の理解ができているかどうかを確かめる。授業や自宅学習でテキストの音読をしている際に、チャンクを意識して読むことができているかを試すことを目的としている。

問題3 (表8では③と表す) 意味と文字の関係

この問題は、テキストの絵を見て、その絵の意味を表す表現を選択肢から選び、文を完成させることにより、英語の意味と文字のつながりの理解を確かめることを目的としている。

問題4 (表8では④と表す) 文字と意味の理解

この問題は、生徒が自分の知っている英単語をできるだけたくさん思い出して書く。文字の形としてどれほど正確に英単語が理解できているかがわかる。テストを行う際に、次の問題に答えている最中には前の問題を見ないよう生徒に指示を出した。前の問題が次の問題の正解のヒントにならないよう考慮したためである。

表8 *Book Week* の復習テスト結果

生徒	①音素/文字	②音/文字	③意味/文字	④文字/意味	合計	正答率
B	4(33%)	30(88%)	8(100%)	16(80%)	58	75%
C	2(17%)	7(21%)	1(13%)	5(25%)	15	19%
D	7(58%)	28(82%)	8(100%)	12(60%)	55	75%
E	7(58%)	29(85%)	8(100%)	10(50%)	54	73%
F	4(33%)	30(88%)	8(100%)	20(100%)	62	80%
G	5(42%)	21(62%)	6(75%)	6(30%)	38	52%
H	2(17%)	18(53%)	6(75%)	7(35%)	33	45%
L	4(33%)	27(79%)	8(100%)	10(50%)	49	66%
合計	12問	34問	8問	20個を最高点	74問	

％は小数点以下第1位で四捨五入

Book Week の復習テストには大問が4問ある。問題1に12問、問題2に10問（問題数は10問であるが、その中に答える箇所は34か所であるため、表では34問と記載している）、問題3に8問、問題4は正しい単語の綴りが書けた場合を1点とし、20個を最高点とした。表8は、テスト全体の点数を計算したものである。今回の問題では項目 (items) に重みづけをするのが目的ではないので、1か0か、また正しく書き入れたスペースや語数の数により1正解1点として計算した。*Book Week*

の復習テストを受けた生徒は、合計8人であった（生徒は授業には出ているが、テストの際に欠席したため、アルファベットのAの生徒が抜けていたりする）。前ページの表8から、フォニックス活動を行ったが、音素と文字の関係を理解させるためには、まだ不十分であることがわかる。一方、絵を見ながらそれを表す文字と絵を一致させる問題③は生徒にとって易しい問題だった。何回も授業で絵を見ながら読んでいるので、話の流れがわかっていたようである。④は文字の産出を見る問題であるが、出来具合に差が出ている。これは①の結果とは関係ないようなので、生徒が④の問題で書いた単語は、単語として丸ごと記憶していた可能性がある。

また、質問項目ごとの間違いの記録は表9－1、表9－2、表9－3の通りである。問題1（音と文字の関係）は、生徒にとって難しかったようである。"Children"の/il/、"sale"の/ei/、"author"の/ɔ:/、"wall"の/ɔ:/、"week"の/i:/は、生徒がほとんど正解できなかった項目である。"Children"は空欄に入れる文字が母音字と子音字になってしまったため、わかりづらかった可能性もあるが、他の4語は、明らかに綴りと読み方が一致していないことが躓きの原因であろう。問題1の12問中比較的簡単だったのが"apple"であった。この語はフォニックスの練習の最初に必ず出てくる単語であることも生徒に馴染み深い語といえる。

誤答例を見てみると、生徒がどのようにそれぞれの単語の発音をとらえているかがわかる（表9－1）。Childrenの場合、chrudren（B、E、G）、chldren（L）、chiLdren（C）、chudren（F）、chiLudren（H）となっている（括弧内のアルファベットは生徒の解答）。Saleの場合、sele（D、G、H、L）、seile（E）、seele（F）と生徒には聞こえているということだろうか。Authorの場合はかなり難しかったようである。答えが空欄であった生徒も何人かいるが、asthor（C）、arthor（E）、aoothor（F）、aothor（G）、asthor（H）、afthor（L）と生徒に聞こえていると思われる音はいろいろである。Wallの場合は、willと書いた生徒が4人、wellと書いた生徒が2人、werllやwullと聞こえている生徒もいた。テキストのどこかで未来形のwillを見

表9-1 *Book Week* の復習テスト採点結果

正答＼問＼生徒	il	oo	a	a	u	a	u	i	a	et	a	ee
	1	2	3	4	5	6	7	8	9	10	11	12
B	0	1	1	0	1	1	0	0	0	0	0	0
C	0	0	1	0	0	1	0	0	0	0	0	0
D	1	1	1	1	0	0	0	1	0	0	1	1
E	0	1	1	1	1	0	0	1	0	1	1	0
F	0	1	1	0	1	0	0	0	0	0	1	0
G	0	1	1	1	0	0	0	0	0	0	1	1
H	0	0	1	0	0	0	0	0	0	0	1	0
L	0	1	1	1	0	0	0	1	0	0	0	0
正答者合計	1	6	8	4	3	2	0	3	0	1	5	2

たことがあり、その綴りがwallと結びついたのだろうか、willとwallの音素の違いは理解させる必要がある。Weekは、wik（B、C、E、H）、wiik（F）、wek（L）のような誤答をしていた。二重母音であることや長母音のような長さも躓きの原因であったのかもしれない。

表9-2の項目21から30は、問題2の解答の集計である。一番上の行には、語間スペースの正答数が示してある。生徒の横の列には、それぞれの問題に対し、正しい語間スペースを答えられた正答数が書かれている。また、一番下の行の合計とは、それぞれの項目の区切りをすべて正解した人の数を示してある。例えば、項目21の区切れ全てを正解した人は8人中4人であったというわけである。問題2では、先生が読んだ英文を聞いて、単語の切れ目に線を入れ、音声を聞いて単語の塊を認識できるかを確認する。例えば、生徒Bは、1問目（項目21）の文の切れ目が3か所あるところを2か所だけ正しくチャンクの区切りを入れることができたという意味である。②（項目22）"There was a book sale." での間違いは、日本語でも「ブックセール」ということもあり、"book" と "sale" が一続きの単語であると考えていた生徒が多かったことが原因であるかもしれない。⑤（項目25）"Kipper ate a lettuce." ⑥（項

目26)"He ate an apple."⑦(項目27)"An author came."⑧(項目28)"It was book week."にはそれぞれ"ate""author""week"という綴りと音の異なる語を含んでいることが正解につながらなかったと言えるのかもしれない。④(項目24)"They had a book party."と⑩(項目30)"The children made books."は、生徒にとって比較的チャンクに切りやすかった。これらの文には、音を聞いてその単語の文字の一部を入れる問題1では誤答があった"book"や"party"が含まれているが、文の意味から推測し、ひと塊の単語であると認識できた可能性が考えられる。

表9-2 *Book Week* の復習テスト採点結果

正答 生徒 \ 問	3	4	4	4	3	3	2	3	4	3
	21	22	23	24	25	26	27	28	29	30
B	2	4	4	4	2	2	2	3	4	3
C	1	0	0	2	1	0	1	0	2	0
D	3	3	3	3	3	3	2	2	3	3
E	2	3	4	3	2	3	2	2	3	3
F	3	2	4	4	3	3	2	2	4	3
G	3	1	3	4	1	2	1	0	3	3
H	2	2	3	2	2	1	1	0	2	2
L	3	3	4	4	1	2	0	3	3	2
正答者合計	4	1	4	5	2	3	4	2	3	5

表9-3にある問題3の項目31から38は、1(正答)または0(誤答)で採点結果を示す。この問題は選択肢が与えられているので、綴りの写し間違いは減点していない。問題3では、絵を見ることによって、理解された意味が文字と一致しているかどうか確かめた。それぞれの絵を説明する文を選ぶ際に、おそらく普段テキストを読んでいるときの音を想像して、その絵を表す文を選んだのではないかと考える。自宅でテキストを読むという宿題があり、何度も読んだという経験により、絵と文が自然と記憶に残っていたのではないだろうか。問題4の項目40は、正

しく書けた語数のみを示す。

表9-3　*Book Week* の復習テスト採点結果

正答	7	1	3	2	4	5	6	8	自由記述
問 生徒	31	32	33	34	35	36	37	38	40
B	1	1	1	1	1	1	1	1	16
C	0	1	0	0	0	0	0	0	5
D	1	1	1	1	1	1	1	1	12
E	1	1	1	1	1	1	1	1	10
F	1	1	1	1	1	1	1	1	20
G	1	1	0	1	1	0	1	1	6
H	1	1	1	1	1	1	0	0	7
L	1	1	1	1	1	1	1	1	10
正答者合計	7	8	6	7	7	6	6	6	

　表の一番下の合計は、それぞれの項目の正答の総数を表す（項目40のみ、総数はない）。項目40は、生徒が自分の知っている英単語を時間内に書き出すという問題である。記憶の中の英単語を探り、できるだけ多くの英単語を産出することが期待されているが、boll（正しくは ball）、Monbey（Monday のつもりか）、singar（singer）、Happe（happy の意味）といった誤答例から、これらの単語は、生徒がいつも自分で発音している音と文字が一致していなかったと考えられる。また誤答例には、app といったように apple を書こうとして途中までしか書いていないものもあった。この問題4は、RR訓練でもよく行われているテストである。児童が知っている単語を output させることにより、それらの語を知っていることを認識し、その知識の定着を測る。この問題は、生徒の間で個人差が出た。ここで書く単語の数が多い生徒は、少ない生徒よりも他の問題での出来具合がよかった。Output できる語彙数が多いということは、それだけテキストの理解ができているということであろう。

11月に実施した *At the Pool* のテスト構成は、次のようになっている。（181ページから183ページの付録3を参照）。

|問題1|（表10では①と表す）音と文字と意味の相互関係

　この問題では、実験授業の最初のフォニックス指導で練習した音と文字のつながりとその意味とが一致しているかどうかを確かめる目的がある。

|問題2|（表10では②と表す）音と文字と意味の相互関係

　この問題は、先生が英語の文を読み上げ、生徒はそれを聞いて文の空欄に単語を書く。聞いた通りの単語にするために、与えられているアルファベット文字を組み合わせて書くのである。音と文字を一致させ、さらに文を完成させるために、その単語の意味の理解度を測る問題である。

|問題3|（表10では、③と表す）文字と音と意味の相互関係

　この問題は、*At the Pool* の話に出てくる絵を見せながら、その絵を表す英文を完成させるために、選択肢から適切な英語の表現を選び、空欄に入れるものである。土屋先生がテキストの絵を話の順番に見せ、問題になっていない絵のページは英文を読んだ。問題2は、単語レベルの文字と音と意味の相互関係の理解であるが、問題3は、文レベルでの文字と音と意味の相互関係の理解度を測った。問題3では、さらに、テキスト全体の文脈を意識させながら、空欄に入る文を組み立てる。

|問題4|（表10では、④と表す）文字と意味の関係

　この問題には、*Book Week* の最後の問題と違って「生き物（動物や魚など）」という条件がついている。これは、平成24年に読んだテキストの中に出てきた動物や魚の単語がどのくらい記憶として残っているかを測る目的があった。

　このテストを受けた生徒の数は、7人であった。前回の *Book Week* のテストと同じように、音と文字を一致させる問題①は難しかった。しかしそれらの単語の意味はわかっている。音素と文字の訓練が必要だということがわかる。一方テキストの中の文の空欄に適語を入れる②と文脈

の中で絵を見ながら適する句を選択肢から選ぶ③は話の内容があるためか、生徒にとって比較的易しい問題だったようである。③は絵があり、②よりも話の内容が与えられているため、句を書き入れる問題ではあるが、答えやすかったようである。④の動物、魚、人を表す英単語の問題から、平成24年度のテキストの記憶がそれほどまだ定着していないことがわかる。

表 10 *At the Pool* の復習テスト結果

生徒	①音/文字	①意味	①の合計	②音/文字/意味	③文字/音/意味	④文字/意味	合計	正答率
A	4(50%)	8(100%)	12(75%)	5(83%)	8(100%)	8(80%)	32	85%
B	4(50%)	7(88%)	11(69%)	3(50%)	8(100%)	3(30%)	23	62%
C	3(38%)	5(63%)	8(50%)	3(50%)	3(38%)	5(50%)	19	47%
D	2(25%)	8(100%)	10(63%)	2(33%)	8(100%)	3(30%)	21	57%
E	5(63%)	8(100%)	13(81%)	3(50%)	8(100%)	2(20%)	26	63%
G	4(50%)	8(100%)	12(75%)	2(33%)	6(75%)	0(0%)	20	46%
L	4(50%)	7(88%)	11(69%)	4(67%)	8(100%)	6(60%)	29	74%
合計	8問	8問	16問	6問	8問	10個を最高点とする	40問	

%は小数点以下第1位で四捨五入

次のページの表 11 − 1 は、*At the Pool* の問題①の音と文字の問題と①の意味の問題の結果を表している。一番下の行の合計は、それぞれの問題を正解した生徒の数を表している。①の問題を見ると、意味はわかっているが、音（音素）と文字が一致しておらず、tr_unks、w_ater、m_um の正解者は少なかったことがわかる。Trunks に対しては、不正解者は tranks（truanks もあった）と答えた人が多く、water に対しては warter や w_oter、wooter、wuter があった。Mum は、meim、menm、mam（テキストは mum なのでこれを正答としなかった）となっていた。これらの誤答例から、生徒がこれらの語をどのように発音しているか、どんな発音だと認識しているかが伺える。

表11-1　*At the Pool* の復習テスト結果

正答＼問 生徒	oo	u	a	u	o	o	i	e	プール	水泳パンツ	水	ママ	店	家	泳ぐ	新しい
	11	12	13	14	15	16	17	18	21	22	23	24	25	26	27	28
A	1	0	0	0	1	1	0	1	1	1	1	1	1	1	1	1
B	1	1	0	0	0	1	1	0	1	0	1	1	1	1	1	1
C	1	0	0	0	1	1	0	0	1	0	1	1	1	0	1	0
D	0	0	0	0	1	1	0	0	1	1	1	1	1	1	1	1
E	1	0	0	1	0	1	1	1	1	1	1	1	1	1	1	1
G	1	0	0	0	0	1	0	1	1	1	1	1	1	1	1	1
L	1	0	0	0	0	1	1	1	1	0	1	1	1	1	1	1
正答者合計	6	1	0	1	4	7	3	4	7	4	7	7	7	6	7	6

下記の表11-2は、*At the Pool* の英単語の音を聞いて、それを表す綴りを作成して入れる問題②、絵を見ながらそれが表している文の一部を選択肢から選んで入れる問題③、さらに自由記述の問題④の結果を表している。

表11-2　*At the pool* の復習テスト結果

正答＼問 生徒	took	bought	find	looked	dear	went	1の絵	2の絵	5の絵	6の絵	9の絵	10の絵	13の絵	16の絵	自由記述
	31	32	33	34	35	36	41	42	43	44	45	46	47	48	50
A	1	0	1	1	1	1	1	1	1	1	1	1	1	1	8
B	1	0	1	0	0	1	1	1	1	1	1	1	1	1	3
C	1	0	1	0	0	1	0	0	1	0	1	0	1	0	5
D	0	0	1	0	0	1	1	1	1	1	1	1	1	1	3
E	1	0	1	0	0	1	1	1	1	1	1	1	1	1	2
G	1	0	1	0	0	0	1	1	1	1	0	1	0	0	0
L	1	0	1	1	0	1	1	1	1	1	1	1	1	1	6
正答者合計	6	0	7	2	1	6	6	6	7	6	7	5	7	5	

項目32、34、35の bought、looked、dear は、それぞれの語のストレスのある音の綴りが不規則であったことが原因であろうか。Looked の場

合、pool と同じ"oo"を持っている語だが、looked は ed がついているのでさらに難しかったのかもしれない。問題③の場合、*Book Week* のときのように、選択肢から写し間違えたところは減点の対象にしていない。自由記述の最後の問題では、zburo、raion、taigr、bog（dog を表すか）、cot（cat を表すか）という誤答があった。テスト全体の出来具合との関連はなさそうだが、改めて音と文字の関係を教えるべきである。

　RR プログラムの指導方法に沿った教え方を試みたところ、日本で英語を学んでいる小学生のための指導法への示唆を得ることができた。これまでのテスト結果を見ると、音と文字の関係についての理解は小学生にとって難しく、指導法の工夫が必要である。絵を見て意味を理解している場合は英文を理解することは比較的易しいが、まだ語彙レベルの問題の出来具合を見ると音と文字の関係の理解が十分でないことがわかる。第7章と第9章で述べたように、音と文字の関係性についての理解はアルファベット文字を使っている英語の能力向上には必要であるため、今後日本の小学生の英語学習でも訓練としてフォニックス指導が必要となるであろう。第7章の先行研究で示唆されているように、語彙レベルで音と文字の関係の理解が文レベル以上の長さの英文の読解能力に影響を及ぼすとは限らない。語彙レベルの音、文字、意味の理解をいかにして英文読解能力、英語で書く能力につなげていくか、実際の指導法で工夫すべきであろう。また、日本の小学校5年生、6年生の興味、関心、異文化を含んだ知識を引き出しながら、文字教育を取り入れた英語学習のためのテキスト選定にも配慮すべきである。次の第12章では、これらの点を考慮に入れて、日本の小学生の英語学習に文字教育を取り入れるためのアルファベット文字の指導法、選定すべきテキストのタイプ、そのテキストに基づいた読み書き学習を助けるタスクを提案していく。

付録1

実験授業のためのテスト
平成24年2月実施（正解は、イタリックになっている）

(1) *What I can do*

それぞれの絵を見て、その絵の中の犬が「できること」を表す英語のことばを選択肢から選び、「ア、イ…」などのカタカナで入れてください。

I can (*シ*).　　I can (*コ*).　　I can (*ケ*).

I can (*ウ*).　　I can (*サ*).　　I can (*カ*).

I can (*オ*).　　I can (*ス*).

Copyright © 2016 Blueberry Hill Books, used with permission.

選択肢：

(ア) faint,　　　(イ) dive,　　　(ウ) shake a paw,　　　(エ) lead,
(オ) read,　　　(カ) cook,　　　(キ) clock,　　　　　　(ク) set,
(ケ) drive,　　　(コ) run,　　　(サ) dance,　　　　　　(シ) paint,
(ス) sit,　　　　(セ) shake a pen,　(ソ) den,　　　　　(タ) ran

(2) *At the Aquarium*

先生が言った単語を表す英語を選択肢から選び、「ア、イ…」のカタカナをかっこに入れましょう。またその文字を表す絵も選択肢から選び、「あ、い…」のひらがなで入れましょう。

(1) We can see (オ).　　(2) We can see (キ).　　(3) We can see (ウ).
　　絵（え）　　　　　　　　絵（う）　　　　　　　　絵（か）
(4) We can see (イ).　　(5) We can see (カ).　　(6) We can see (エ).
　　絵（あ）　　　　　　　　絵（お）　　　　　　　　絵（い）
(7) We can see (ア).
　　絵（き）

選択肢（ア、イ…）

(ア) two dolphins,　　(イ) a shark,　　(ウ) coral,　　(エ) seahorses,
(オ) a turtle,　　　　(カ) an alligator,　　(キ) fish

選択肢（あ、い…）

あ	い	う
サメの絵	竜の落とし子の絵	魚の絵

え	お	か	き
亀の絵	ワニの絵	サンゴの絵	二匹のイルカの絵

第11章　実験授業の目的と学習状況分析

(3) *Hot and Cold*

絵を見て、その絵が表している英文を選択肢から選び、その記号をかっこに入れなさい。

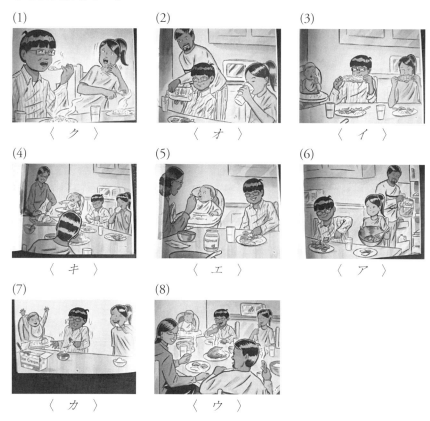

(1) 〈 ク 〉
(2) 〈 オ 〉
(3) 〈 イ 〉
(4) 〈 キ 〉
(5) 〈 エ 〉
(6) 〈 ア 〉
(7) 〈 カ 〉
(8) 〈 ウ 〉

Stavetski, Barbara. *Hot and cold.* From *The King School Series*, Judy Nadell, series editor. Copyright © 2010 by Townsend Press, Inc. Reprinted with the permission of Townsend Press. All rights reserved. www.townsendpress.com

選択肢：

- ア　Salad is cold.
- イ　Corn is hot.
- ウ　Chicken is hot.
- エ　Applesauce is cold.
- オ　Milk is cold.
- カ　Ice cream is very cold.
- キ　Bread is hot.
- ク　Rice is hot.

(4) *Look for it!*

　先生が読む英文をよく聞き、選択肢の中のことばをつかって、聞いた通りことばを並べて、英文を作りましょう。ただし、文の最初は大文字にして書きましょう。

(1) *A frog is in here.*
(2) *Can you see a bug?*
(3) *Here it is!*

　選択肢：

　　I, you, she, he, it, is, are, look for, hear, see, a frog, a dear, a bag, a bug, a beg, a flag, a deer, in, can, !, here

付録2

◎ *Book Week* の復習をしましょう！♬♪♬〜（平成25年10月）

(1) 先生の発音を聞いて、下の英単語のあいている（ch□□dren というように単語の一部があいている）ところに、アルファベットを書きましょう。文字が1つとは限りません。音をよく聞きましょう。（入れるべき音素はイタリックになっている。）

1. ch□□dren　　*<children>*
2. b□□ks　　　*<books>*
3. □pple　　　*<apple>*
4. p□rty　　　*<party>*
5. h□ngry　　*<hungry>*
6. s□le　　　　*<sale>*
7. a□thor　　　*<author>*
8. p□cture　　*<picture>*
9. w□ll　　　　*<wall>*

10. l☐☐tuce <*lettuce*>
11. c☐terpillar <*caterpillar*>
12. w☐☐k <*week*>

(2) 先生の英語の文をよく聞き、語間に切れ目（ / ）を入れましょう。

① The / children / dressed / up.
② There / was / a / book / sale.
③ I / am / a / hungry / Kipper.
④ They / had / a / book / party.
⑤ Kipper / ate / a / lettuce.
⑥ He / ate / an / apple.
⑦ An / author / came.
⑧ It / was / book / week.
⑨ They / made / a / big / picture.
⑩ The / children / made / books.

(3) 絵を見て、その絵の内容を表す文を作りましょう。選択肢から、適切な動詞、名詞、形容詞を選び、空欄に入れましょう。

①の絵　　The children *made books*.
②の絵　　The children *dressed up*.
③の絵　　He *ate an apple*.
④の絵　　They made *a big picture*.
⑤の絵　　Kipper was *hungry*.
⑥の絵　　Kipper *ate a lettuce*.
⑦の絵　　He made *everyone laugh*.
⑧の絵　　There was *a book sale*.

選択肢

dressed up　　　a big picture　　　ate an apple　　　hungry
ate a lettuce　　　a book sale　　　made books
everyone laugh

(4) 5分間の間に、自分の知っている英語の言葉を書き出してみましょう。

付録3

◎ *At the Pool* の復習をしましょう！♬♪♬〜（平成25年11月）

(1) 先生の発音を聞いて、下の英単語のあいているところに、アルファベットを書きましょう。文字が1つとは限りません。発音を注意して聞きましょう。また、その英単語の意味を右のかっこの中に日本語で書きましょう。

p*oo*l （　プール　）、tr*u*nks （男の子の水着）、w*a*ter （　水　）
m*u*m （　ママ　）、sh*o*p （　店　）、h*o*me （　家　）、
sw*i*m （　泳ぐ　）、n*e*w （　新しい　）

(2) 先生の英語の文をよく聞き、（　　）内の文字で英単語を作って[　]内に書き入れなさい。

　例：Kipper [　*ate*　] a lettuce.
　　　　　　(t, e, a)

① Wilma's mum [　*took*　] him.
　　　　　　(o, k, o, t)

② She [　*bought*　] him new trunks.
　　　　(t, g, u, b, h, o)

③ He couldn't [*find*] them.
　　　　　(i, f, d, n)
④ Kipper [*looked*] for his trunks.
　　　　　(o. e, o, d, l, k)
⑤ "Oh, [*dear*]," she said.
　　　　　(e, d, r, a)
⑥ Kipper [*went*] to the swimming pool.
　　　　　(n, t, w, e)

(3) *At the Pool* の話に出てくる絵を見て、その絵の内容を表す文を作りましょう。選択肢から、適切な英語の表現を選び、空欄（くうらん）に入れましょう。大文字で書く場合もあります。［先生が、話の順番に絵を見せる。③や④など問題になっていない頁の英文は先生が読んであげる。］

①の絵　　Kipper [*went to the swimming pool*].
②の絵　　Wilma's mum [　　*took him*　　].
③の絵　　She took Biff and Chip, too.
④の絵　　It was a new pool.
⑤の絵　　Everyone [　*wanted to swim*　].
⑥の絵　　Kipper [　*looked for his trunks*　].
⑦の絵　　He couldn't find them.
⑧の絵　　Kipper couldn't go in the pool.
⑨の絵　　"[　　*Sorry*　　]," said the man.
⑩の絵　　Wilma's mum [　*was in the water*　].
⑪の絵　　"Oh, dear," she said.
⑫の絵　　Wilma's mum took Kipper to a shop.
⑬の絵　　She [*bought him new trunks*].
⑭の絵　　They went back to the pool.

⑮の絵　　"Oh no!" said Kipper.

⑯の絵　　"I [　　*put them on*　　] at home," he said.

選択肢
- put them on
- bought him new trunks
- wanted to swim
- was in the water
- Sorry
- looked for his trunks
- went to the swimming pool
- took him

(4) 5分間の間に、自分の知っている生き物（動物や魚など）の名前を英語で書いてみましょう。

第12章

Reading Recovery を応用した授業用タスク

1 アルファベットの教え方

(1) 日本の子どもたちとアルファベット指導

　Reading Recovery（以下、RR プログラムと略す）の指導ポイントとして、phonemic awareness（音韻認識）、文字の視覚認識、フォニックス、流暢さが挙げられる（小野・高梨、2014）。まず、音声によるインプットを行い phonemic awareness を十分に高め、英語の音に対する感度を上げることが重要となる。phonemic awareness を高めたうえで、並行しながら文字指導を進めていき、読み書き（リテラシー）能力として一体化させていく。そこで、文字を読む際に有効な方策がフォニックス（Phonics）である。フォニックスは英語の音と文字に関連するルールであるので、フォニックス導入の前提として文字（アルファベット）の知識が不可欠となる。日本の子どもたちを取り巻く環境（家庭、学校、街など）は、母語（日本語）だけで生活に不自由しないので、英語のインプットは乏しい。最近は以前に比べ、英語を目にしたり耳にしたりする機会は増えているとしても、実際には、子どもたち自身が意識するレベルまで浸透しているとは言い難い。自然と「目に触れる」ことはあっても、必要に迫られるなど意識して「視覚する」ことは、決して多くないだろう。「目に触れている＝認識している」という単純な解釈には頼らない方が無難である。

　そこで、日本の子どもたちにフォニックスを導入する初歩的段階では、

アルファベットに関する認識を効果的に指導していくことが鍵となる。EFL環境で不足しがちなアルファベットに、十分に触れさせる機会が欲しい。

　アルファベット自体は、小学校5年の外国語活動としてより先に小学校3年の国語科の時間で「日常使われている簡単な単語について、ローマ字で表記されたものを読み、また、ローマ字で書くことになっている（文部科学省、2008）」。加えて、最近は小学校教育でパソコンを使用する場面が増えローマ字入力を行う機会も増えているため、一層ローマ字としてのアルファベットは浸透しているようにみえる。しかし、実際にアルファベットが認識できるかというと、難しいのが実態である。それは、ローマ字教育はあくまでも国語教育の一部として行われているからであり、英語教育の中のアルファベットとしてではないからである。年間35時間、外国語（英語）活動を行っている小学校5、6年生（2020年度からは、小学校5、6年生は「英語」を年間70時間、小学校3、4年生は「外国語活動」を年間35時間となる）の場合はどうか。指導経験を踏まえると、アルファベットに関する認識は出来たつもりで出来ていない（読めない・書けない）児童が少なくなく、ローマ字入力にしても、たどたどしいのが現状である。

(2) 効果的なアルファベット指導内容と進め方

　それでは、EFLとして英語を学ぶ日本の子どもたちにとって、どのようなアルファベット指導が効果的であり、定着に結びつけられるものなのであろうか。表12は、筆者の指導経験（幼児〜小学生対象）に基づく効果的な段階別のアルファベット指導の進め方である。

表12

音声
1. アルファベットの歌を歌う（アルファベット全体）
2. アルファベット・チャンツを行う（アルファベット全体）
3. アルファベットの音声を聞きながら、大文字・小文字を、順を追って確認・識別する

音声＋文字の統合
4. アルファベットの音声を聞きながら、大文字を識別する（個別・組み合わせ、順番通り→ランダムに）
5. アルファベットの音声を聞きながら、大文字を書く（個別・組み合わせ）
6. アルファベットの音声を聞きながら、小文字を識別する（個別・組み合わせ、順番通り→ランダムに）
7. アルファベットの音声を聞きながら、小文字を個別に書く（個別・組み合わせ）
8. アルファベットの音声を聞きながら、大・小文字を書く

【指導の流れ】

　指導の一連の流れを簡単に表す。まず、音声によるインプットを十分に行い、音声言語の発達を促す。次に、音声言語の練習とともに文字言語の発達を図り、やがて統合していく。音声のみならず文字と統合していくことで、アルファベットの学習は系統化され、より確かな定着につながる。

　いずれの指導も筆者の経験を踏まえた進め方であるので、実際の指導対象になる子どもたちの学習態度・状況、学齢によっては、内容や進度の具合でアレンジが必要になる。例えば、高学年の児童は精神発達的に歌への抵抗をみせがちなので、その場合は無理強いをせず、歌を除き、メロディーがないチャンツにとどめるようにするとよい。筆者自身、指導に応じて、進め方をアレンジすることがある。例を挙げると、ある公立小6年の児童は、歌に抵抗を示し、誰ひとり歌うそぶりさえ見せなかった（内心は「歌いたい」と思う児童が何人もいたとみたが、周りの児童に合わせて口をつぐんでしまう）。そこで、チャンツのみに切り替えて音声インプットを強化したところ、声が出るようになり、積極的かつリズムよくチャンツを楽しむ様子さえみられた。スムーズに指導を進め

るには、指針となる指導案やガイドラインは必要としても、決してとらわれすぎることなく、目前の子どもたちに応じ、臨機応変かつ柔軟な姿勢で指導に取り組んでいくことが大切である。

【指導時間について】

　アルファベットの定着を図るには、一回の指導に長い時間をかける集中的な指導より、指導時間を細分化して短い時間にし、頻度を高める分散的な指導の方が効果的と考えられる。このような学習の「分散効果」とは、「学習フェーズを集中させるよりもむしろ時間間隔を空けて分散させるほうが記憶保持に効果がある（加藤・田中、2008）」とされるもので、難易度の高い新しい知識の習得においても、学習方略に関わらず、その効果がみられたという (ibid.)。例えば、月一回の頻度で指導内容全体をアルファベットに絞るといった集中的な授業を行うより、週一回と頻度を高めに設定して授業の一部（約10分）を指導にあてるといった分散的な授業を行うものである。

　さらに、指導内容を繰り返す学習（繰り返し学習）を行うことで、各項目の指導を１回で完結せずスパイラル的に復習の機会を持つようにして、記憶の強化という相乗効果を狙いたい。加えて、学習時間の分散は記憶保持だけでなく、学習動機面においても有効である。文字指導への負担を考慮すると、１回の授業内での時間を短めに設定する方が、心理的負担が少なくなるばかりか、飽きずに継続しやすくなるという効果が期待される。どの位の時間設定が最適かについては検証の余地があるが、筆者の経験からは10－15分程度が適当であると思われる。これらをまとめると、理想的なアルファベットの指導は、①週１回の学習頻度であり、②１回の時間は10－15分程度が目安になるだろうか。

　ここでアルファベット指導時間の具体的な扱い方を提案してみたい。文部科学省（以下、文科省）は、2013年12月末、2020年開催予定の東京オリンピック・パラリンピックを見据えた「グローバル化に対応した英語教育改革実施計画」を発表した（文科省、2013）。2020年の完全実

施にむけて検討が重ねられている最中であるが、現時点（2016年12月）での最新情報によると、現在の外国語活動は、小学校高学年（5、6年）が教科型に、中学年（3、4年）が活動型に移行する予定である。指導時間は、高学年が年間70時間（現在35時間）に倍増する（文科省、2016）。また、この倍増するコマ数を確保するために、10－15分の「短時間学習」（モジュール学習・帯学習）の利用、また、土曜日や夏・冬休み等の長期休暇に集中して実施するという案が示唆されている(ibid.)。これらの案が実現するか否かはさらに検討の必要があるが、1つの具体案として、アルファベット指導においては「短時間学習」を利用することを提案したい。前述した分散効果（記憶保持と記憶強化）および学習動機の面で最適と判断されるからである。このように、学校現場の現状・実態に応じて、指導を効果的に施す時間の工夫は今後もさらに求められていくと思われる。

【指導対象の年齢（学齢）について】

「聞く・話す・読む」指導においては、これまでの筆者の経験を踏まえると、アルファベット指導は幼児でも可能であるが、「書く」指導となると国語科で「ひらがな」指導が始まるような就学時以降がふさわしい。2016年現在、外国語活動は小学校高学年（5・6年）を対象に実施されている。十分な英語のインプットを土台とした音声言語の育成を考慮すると、外国語活動のような英語に触れる時間（授業）が条件となるので、一般的には外国語活動がスタートする高学年が適するであろう。ただし、中には低学年（1・2学年）・中学年（3・4年）から授業を開始する学校もある。筆者の経験上、低学年は音声指導の面では適するが、書く作業においては定着が難しい。しかし、中学年ならば、高学年よりも概して歌・ゲーム、身体を動かす活動に抵抗がなく、まだ間違いを恐れない学齢であるため、より幅広い活動が展開でき、より高い積極性も期待できるので、アルファベット指導をスタートするタイミングに最適な学齢は中学年ではないだろうか。可能であるならば、アルファベット

の指導は中学年からスタートしたいものである。

(3) 具体的な指導例

ここでは段階別にアルファベット指導の具体的な実践例を紹介したい。

＊教室の規模は1クラス30-40名（公立小に同じ）を想定している。

---
1 アルファベットの歌を歌う
2 アルファベット・チャンツを行う

〈アルファベット・ポスター（チャート）を用いて〉

準備物　アルファベットポスター（大・小文字併記のもの）、歌の音源（CDなど）、差し棒など

進め方　アルファベット・ポスターを提示し、文字を指し棒などで示して子どもたちに文字への意識を持たせながら、音源を利用して歌・チャンツの活動を行う（音源なしのアカペラでもよい）。1回目は聞くのみ。2回目から斉唱する。

☆アレンジ☆

＊逆さ読み・いきなり読み＊

アルファベットを逆から（♪ Zz, Yy, Xx, …）、途中から（♪ Hh, Ii, Jj …）歌・チャンツを行う。

＊一緒にABC＊

順番に、歌・チャンツを行う。（"♪ Aa"、"♪ Bb" …と、1人1文字ずつ／1人が "♪ Aa, Bb, Cc" と行ったら、次の1人が "♪ Dd, Ee, Ff" と3文字ずつ、など）

＊Stop & Go!＊

CDなど音源を使うが、途中で音を止める。残りは音源を使わず、アカペラで歌・チャンツを行う。

〈アルファベット・カードを用いて〉

準備物　アルファベット・カード（指導者用 A6サイズ、大・小文字別、文字は色つき）、歌の音源（CD など）、差し棒など

進め方　黒板などにアルファベット・カードを順番通りに並べながら提示し、文字を指し棒などで示して、子どもたちに文字への意識を持たせながら、音源を利用して歌・チャンツの活動を行う（音源なしのアカペラでもよい）。1回目は聞くのみ。2回目から斉唱する。大・小文字の学習とタイミングを合わせて用いてもよい。

＊アルファベットは母音と子音に分け、子音はさらに有声音と無声音に分類し、色分けする（図5-1）（図5-2）。色分けはフォニックス学習時にも応用できる

図 5-1　アルファベットの色分け

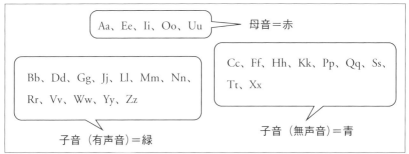

図5-2 アルファベットの色分け(並べた場合)

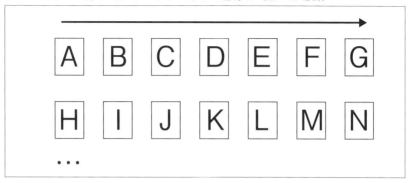

☆アレンジ☆

＊バラバラABC＊

　カードをバラバラに並べて歌・チャンツを行う。個々の文字を自由に扱うことができるのが、ポスター（チャート）と異なるカードのメリットである。一連(A-Z)の流れが崩されるので、スムーズに歌・チャンツを行うためには、個々の文字に対する確かな認識力が求められる。逆から歌・チャンツを行ってもよい。発話を戸惑う文字は子どもたちの不得手な文字であるので、その後は苦手と思われる文字に注意し、学習をサポートしていくとよい。

＊カード抜きABC＊

　所々のカードを取り外し、それらの空白に拍手（手）のイラストを描く。歌やチャンツを行う際、空白の箇所は発話せず代わりに「拍手」をする。外したカードは、子どもたちに元の場所に戻させれば、文字の認識を確認することもできる。

＊色分けABC＊

　子どもたちを3つのグループに分け、グループごとに色（赤・緑・青）を振り分けて歌・チャンツを行う。

☆指導のポイント☆

歌・チャンツは音声インプットに効果的な活動

　歌やチャンツは楽しい。子どもたちは（大人も）楽しいことが大好きなので、「楽しい（面白い）」という気持ちは学びへの動力となり、子どもたちは学習の繰り返しもいとわず、積極的に取り組むようになる。歌やチャンツのメロディーやリズムは記憶に残りやすく、また、テンポよく英語を発話しやすくさせるので、効果的な音声言語の発達が期待できる。アルファベットの歌には様々なバージョンがあるが、筆者は日本の子どもたちになじみのある童謡である「きらきら星」（"Twinkle, Twinkle, Little Star"）のメロディーを採用している。歌やチャンツが定着すると、文字を認識する時の助けになる。例えば、個々の文字（例：Nn）の読み方を忘れてしまった時も、♪A, B, C,…と歌をたどれば記憶がよみがえりやすい。チャンツは、歌を歌うことに抵抗を示す高学年などに対して有効である。チャンツは自然とリズムにのりながら発話していくだけなので、メロディーを意識することがない分、負担が少ないようである。

効果的なチャート・カードについて

　アルファベット・カードには文字に加えてイラストが添えてあることが多い。これは、イラストの綴りの音が、文字（Aa, Bb, etc.）の音の想起を助ける（あるいは、文字の音がイラストの綴りの音の想起を助ける）効果を高めることを意図したものと思われる。(例："Aa" ⇔ "apple"（「りんご」）、"Ee" ⇔ "egg"（「卵」）。しかし、イラストの単語は英語由来であり、日本の子どもたちにとって未知の単語も含まれているため、イラストからは文字を想起できず、効果が薄い場合がある（例："Oo" ⇒ "octopus"（「タコ」）、"Yy" ⇒ "yard"（「庭」）。日本人の子どもたちが文字の音をもっと効果的に想起しやすい方法はないのであろうか。そこで、イラストを用いた記憶方略を活用する方法で、アルファベットの形とその文字から始まる日本語の単語イメージと結びつける工夫が学習効果をあげることが明らかになった (Manalo, Uesaka, Sekitani,

2013)。例えば、"b" は「ブラシ」と、"d" は「でんわ」のイメージと関連づける。すると、アルファベットの文字の形がイラストのイメージの想起を助け、さらに文字の音(/b/, /d/)の想起をも助けるという（図6）。このような工夫は、一概に不得手とされる小文字の習得にも役立つのではないか。日本の英語を学ぶ子どもたちにふさわしい学習方略・学習効率を上げる手立てを考えることは、英語の学習効果を高めるうえで大変に意義深い。

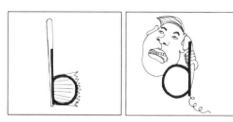

図6　絵を用いた記憶方略と音の違いの意識化がアルファベット音の学習に及ぼす促進効果の研究（Manalo, Uesaka, Sekitani, 2013）

歌・チャンツ指導のポイント

＊充分な音声インプットを行うため「いかに発話につなげるか？」を念頭に置きつつ、飽きない工夫を凝らしたい。上記のようなアレンジに加えて、例えばスピードを変える（緩急をつける）工夫をすると、スピードに合わせようと必死になり、興味深く活動に取り組む様子がみられる。一辺倒の方法（単に歌うだけ、など）を覆すことで、ほどよい緊張感が拡がり、子どもたちへよい刺激となると同時に集中力が生まれるようである。

＊授業の構成を考えると、アルファベット指導には約10分を費やすのがよいと述べた。しかし、歌やチャンツ活動は、日本語から英語の世界へ切り替えるような、授業スタート時のよいウォーミングアップ活動になるので、文字指導の枠にとらわれず、いつでも活用していきたい。

> ３ アルファベットの音声を聞きながら、大・小文字を順を
>   追って確認・識別する

準備物　アルファベット・チャート（個人用、大・小文字併記のもの）
進め方　アルファベット・チャート（シート）を個々に配布し、指導者の発話する文字を指で追って確認をする。
　　　　指導者：Touch, touch, touch… "A"！／"D-O-G"！
　　　　＊リズムよく指示を出す

☆アレンジ☆
＊タッチ・ゲーム＊
　指導者の発話に従い、チャート上の文字をタッチする。グループ・ペア・個人といった活動の規模や、1つずつ指示を出したり、単語のスペルにならって複数の文字を一度に指示したりといった文字数に変化をつけて行う。慣れてきたら、ペア・グループになり、指導者の役割（指示役）を子どもたちが行う。

☆指導のポイント☆
＊これまで教室で一斉に確認してきたアルファベットを、規模を狭め個々のチャートを使用し、より正確に意識を持ちながら再確認する。
＊ペアやグループの共同学習を行うことは、アルファベット認識の定着がおぼつかない子どもへの助けとなる。一方、すでに定着している子どもにとっては活躍の場となり、自信を与え、未定着の子どもへのよい見本と励ましになる。共同の学びの場では、学習進度にばらつきがあっても互いに学び合う傾向があり、メリットが多い。

> 4 アルファベットの音声を聞きながら、<u>大文字</u>を識別する
> 　（個別・組み合わせ、順番通り→ランダムに）
> 6 アルファベットの音声を聞きながら、<u>小文字</u>を識別する
> 　（個別・組み合わせ、順番通り→ランダムに）

準備物　アルファベット・カード（大・小文字、個人用）
進め方　アルファベット・カード（個人用）を指導者の指示通りに並べたり、指差しをしたりする活動を行い、アルファベットの識別力を高める。教室において指導者用のカードで一斉に確認したアルファベットを、今度は個人用のカードで意識を強めながら再認識する。

☆アレンジ☆
〈大・小文字の識別力を高めていくもの〉
＊指文字で ABC ＊
　指でアルファベットの大・小文字を形作っていく。ペアになり、1人は大文字（例：A）もう1人は小文字（例：a）を作る、グループなど複数で一つの文字を作っても、身体全体を使ってもよい。
＊アルファベット・サーチ＊
　身近なアルファベットの文字を探す。単にアルファベットを集める活動だけでも気づきを促すことができ、指導者の指示通りに文字を探しても教室内、本の中、文房具の中など範囲を指定してもよい。
＊点結びアルファベット "Dot to Dot Alphabet" ＊
　私製または市販のワークシートを用いて、アルファベットの順番通りに線を結んでいく。すると、イラストが浮かび上がってくる。アルファベットの識別力を高める活動であるが、順番通りに線で結ぶとイラストがわかる楽しさがあり、様々なワークシートを用いれば、さらに飽きにくい。図7-1はその一例である。子どもたちの実態に応じて

可能な範囲で難易度を上げると、子どもたちはより意欲的になり、英語学習への動機づけにも役立つ。教材は市販のものを用いても、図7-1のようなインターネットの無料教材を用いてもよい。

＊ワード・サーチ"Word Search"＊

私製または市販のワークシートを用いる。大・小文字別々など様々なバージョンがある。シートにはマス目のチャートがあり、アルファベットがランダムに書かれている。その中に単語が隠されており、子どもたちはその単語を探し当てる。単語やスペルは未知であっても、文字を探し当てる楽しさがあり、飽きにくい。単語を覚える必要はなく、あくまで文字探しが目的というだけであるが、無意識に単語とイメージを結び付けるのは先の学習で役立つことと思われる。単語を提示する際は、イラストを添えるとイメージがつかみやすい。教材は前述の「点結びアルファベット」と同様、市販のものを用いても、図7-2のようなインターネットの無料教材を用いてもよい。子どもたちの実態に応じて文字数を増減させたり、慣れてきたら大・小文字を混在させたりすると作業がより複雑になるので、識別力の向上につなげられる。

図7-1 Puzzles to Print.

図7-2 Budgetearth.com.

〈カルタやトランプ風のゲーム的な活動に〉
＊ ABC カルタ ＊

人数の目安：5人位まで

進め方：

① 大文字（小文字でも）カードを表にして広げ、指導者が指示する文字をとる。
　＊慣れてきたら、大・小文字カード両方を並べてもよい。
② カードがなくなるとゲームオーバー。手持ちのカードを一番多く持っている人がチャンピオン。

＊ ABC トランプ／神経衰弱 ＊

人数の目安：5人位まで

進め方：

① 大・小文字カードを裏むきに広げ、2枚ずつカードを表にしていく。
② じゃんけんなどで順番を決め、2枚ずつカードをめくっていく。
　＊じゃんけんは英語で "Rock, scissors, paper …1, 2, 3!"
③ 大小ペアが揃ったら自分の手持ちにすることができ、さらに2枚を表にすることができる。揃わなかったら次の順番にまわす。
④ 広げたカードがなくなったらゲームオーバー。手持ちのカードを一番多く持っている人がチャンピオン。

＊ ABC トランプ／7ならべ ＊

人数の目安：5人位まで

進め方：

① 大・小文字カードの中から基準となる文字（例：Oo）を1つ選んで机に置く。
② 残りのカードをシャッフルし、参加人数で等分に配る。
③ じゃんけんなどで順番を決める。自分の番になり、基準となる

文字の前後に続くカードを持っていれば、前後に置くことができる。（例：O & o なら M, m, P, p）
④ 手持ちのカードを早く並び終えた人がチャンピオン。

＊ ABC トランプ／SPEED ＊

人数の目安：2 人

進め方：
① 大・小文字に分け、どちらかの束を 1 人が持つように、よくシャッフルする。
② それぞれ自分の前に 4 枚カードを表むきに並べ（「場札」）、残りは「手札」として裏向きに持つ。
③ "Ready go!" の掛け声とともに、「手札」の一番上の 1 枚を、自分と相手の「場札」の真ん中に「台札」として同時に置く。
④ ここからは SPEED 勝負！「場札」の中に、「台札」の前後に続く文字があれば（例：Kk なら Jj か Ll）相手より先に素早く重ねていく。
　＊「場札」は常に 4 枚並べて置き、なくならないように「手札」から補充していく。
⑤ 「台札」に重ねる「場札」がなければ、③からやり直す。「手札と「場札」ともになくなった人が勝ち。

☆指導のポイント☆

アルファベットが定着していない子どもたちのため、アルファベット・チャートを掲示、もしくは手元に置いておき、常に確認しながら活動を行うようにする。

親しみのあるゲームを応用するメリット

普段から遊び慣れているゲームだと、ルールを既に知っている状況でのスタートになる。すると、トランプがアルファベット・カードに変わ

っても活動がスムーズに進むので、ゲームのルールに惑わされず、アルファベット認識に集中できる。

---

5 アルファベットの音声を聞きながら、大文字を書く
　（個別・組み合わせ）
7 アルファベットの音声を聞きながら、小文字を書く
　（個別・組み合わせ）
8 アルファベットの音声を聞きながら、大・小文字を書く

準備物　アルファベット・チャート（大・小文字、個人用）、ワークシートもしくは英語罫線（4線）ノート

進め方　アルファベット・チャート（個人用）を見本にしながら、英文字をワークシートまたは4線ノートに正確に書いていく。書く作業はまず正確に写すこと（トレース）から始めるとよい。線上に正確に書く目的は、1文字ずつバランスよく書くためであり、その旨を子どもたちにも伝える。まずは自分の名前を書くことを目標にし、あまり負担をかけすぎないよう考慮しながら、大・小文字を書くことに慣れさせる。慣れてきたら、単語や文章へと様子を見ながら進めていく。

☆アレンジ☆

＊エア書き＊

空中にアルファベットを指で書く。「エア書き」をして文字の形の感覚をつかんでから実際に書き始める。

☆指導のポイント☆

＊これまで培ってきたアルファベットの音声言語は書くことにより文字言語として統合・系統化し、やがて定着していく。

＊いきなり鉛筆を持ち、書く作業に移るのではなく、アルファベットの認識を再確認するため、まずは身体（指）を用いて文字の形の認識を確かめるようにするとよい。また、文字の模型など立体的に形を把握できるような教材を活用することも効果的である。
＊書く作業に負担を感じる子どもたちは少なくない。英語嫌いを生まないためにも、作業は様子を見ながら慎重に進めていく。定着するためには、授業内だけでは時間が乏しいので、課外活動（宿題）として課題を与えたい（書く習慣をつけるねらいもある）。課題に関しては、なるべく負担を軽くできるように、楽しみや達成感が持てる要素を加え、学校生活とのバランスを考えて課題の量を控え目にするなど、慎重に取り組んでいきたい。
＊概して大文字より小文字が定着しにくい傾向があるので別々に指導する考え方もあるが、文字は「大・小で1文字（セット）」という感覚を持たせたいため、【大・小文字→大文字→小文字→大・小文字】とステップを重ねながら指導を進めていく。

2　Reading Recovery の考え方に基づいたモデル教材

　Emergent literacy、roaming around the known という2つの理念に基づく RR プログラムで使われている little books は、RR の読み書き矯正訓練で重要な役割を果たしている。児童が生活の中で経験する話題が中心となっている little books は、読み書き能力を発展させるための文脈を十分提供している。日本で英語を学んでいる小学校5年生および6年生にはどのようなテキストが必要なのか。やはり児童の日常生活の中で、それまで起こった出来事や読み聞かせなどによって馴染んでいる日本の昔話を題材とした英語のテキストが考えられるであろう。また、それらのテキストを漫然と読むだけでなく、読んだ後、内容について児童が考えるテーマを含んでいるものや、クラスで話合うための話題を提供しているテキストが必要なのではないかと考える。Emergent literacy の考え

方に基づき、英語のテキストを音声で聞きながら英語の音や抑揚に親しみ、視覚教材を媒介としながら、書かれたテキストを読んでいく。また、roaming around the known の考え方から、日本で英語を勉強している児童が既に英語について知っていることや日本語で既に持っている知識を引き出しながら、英語で書かれたテキストを理解し、英語による読み書きの訓練を通して英語学習をしていく。さらに、音、文字、意味の相互関係を教えながらフォニックス活動を取り入れ、語の意味も、視覚教材を活用しながら、児童の既存の知識を引き出して、その学習に活用していく。RR プログラムにも cut-up story という活動があるように、次に読むテキスト理解のために、そのテキストの中で使用頻度の高い英文構造について教えることも重要である。その構文を使って児童の生活上での出来事を英語で表現させてみる。

　RR プログラムの理念に基づいた文字教育を取り入れた英語指導モデルは、主として下記のような手順になる。

指導過程

1. Pre-Reading Activity:
　　表紙の絵を見せ、これから読むテキストの内容について推測させる。
2. Listening to the text with some pictures:
　　内容を表す絵を見せながら（書画カメラで絵を映して見せる）、教師がテキストを読み聞かせる。読んだ後、読む前に予測していた内容との類似点や相違点について話し合う。
3. Reading the text in class:
　　テキストを提示し（書画カメラで示す）、教師の後から 1 文ずつ声を出して読んでいく。
4. Understanding the gist of the text:
　　何回かクラス全体で読んだ後、登場人物や会話の主な話題やテーマについて話し合う。また、テキストに出てきた語彙について、視覚教材を使いながらその意味を理解させる。

5. Phonics tasks:
   テキストの中の単語をいくつか選び、タスクを行いながら音素認識指導を行う。
6. Understanding the grammar rules:
   テキストの中で何回か出てくる文法事項や構文をテキストの内容と関連づけながら理解させる。
7. Writing in English:
   上記6で学んだ文法事項や構文を使い、テキストと関係のある内容について英語で書く。

　このような考え方に基づいたモデル教材とその活用方法について以下に説明する。なお、モデル教材は、小学校英語と連携させるという目的から中学校1年生程度とし、New Horizon English, Sunshine English, New Crown English（すべて Course 1）の3種類の検定教科書で扱われている文法および語彙を基に作成されている。また、新出単語は、可能な限り絵やイラストからその意味を推測させ、音と文字とのつながりを理解させるようにする。ここで提示する4つのモデルテキストは、日本の小学生の日常生活に関係がある話題が中心となっているテキスト2編（What is our sports festival for? と Our mothers are visiting our classrooms!）、日本で育った児童が読み聞かせや自分で読む経験から知っている話の retold version 1編 (A Peach Boy)、その話についてメタ理解を試す内容のもの1編 (The Japanese Old Stories) である。

モデルテキスト (1)

Title: What is our sports festival for?
登場人物：タイ人男子　Somchai　「ソムチャイ」と Taro（ソムチャイと同じクラスの日本人の男の子）
テキストの背景：先日のテレビ報道によれば、タイなどの国々で日本の運動会が行われているとのことである。NGOの人々が、日本の運

動会を紹介したところ、海外の会社や学校で運動会を取り入れ、人々が楽しんでいるという。海外では運動会のようなものは通常行われることはなく、初めての試みであるらしい。スポーツを通して「競争」というより「協力」することの意義を学べたと反響が大きかった。日本でも一昔前は会社などでも運動会をして、会社の士気を高める、一致団結して何かを一緒にやる、人々が交流すると考えられたが、最近ではそのような運動会がなくなってきたのが残念だというコメントであった。日本の「和」「協力する精神」は実はこのような会社の運動会という行事で再確認されていたのではないかという話である。このモデルテキストは、このような最近のニュースを基に小学生5年生および6年生が理解しやすい会話になっている。単に英語で書かれた会話を理解することにとどまらず、英語で書かれたテキストを読む経験を通して日本文化について再考する、テキストの要点について自分の意見を持ち、クラスの児童と日本語で話し合うことができる。

テキストの難易度：この教材の難易度は、下の分析結果に示す通り、かなり平易であり、米国の学校における小学校2学年に相当する。

Flesch Reading Ease score: 90.5 (text scale)

Flesch Reading Ease scored your text: very easy to read

Flesch-Kincaid Grade Level: 2.1

Grade level: Second Grade.

指導手順1

　表紙の絵を見せて、これから読むテキストの内容について推測させる。教師は、"What kind of story is this? What did you see in the picture? What do you think about the story?"などの質問をしながら、児童の推測を助ける。

指導手順 2

テキストの内容を表す絵を見せながら、教師がテキストを読み聞かせる。

指導手順 3

児童にテキストを見せ、教師が 1 文ずつ読んで、その後から児童に読ませる。

What is our sports festival for?

Somchai is from Thailand. He is a 5th grader. He and Taro, a Japanese boy, are good friends. They are talking about their sports festival in Japan.

Taro: Next Sunday we have our sports festival. I love it. It is exciting! How about you? Do you like it?

Somchai: Yes, I love it, too. I like the tug of war and the ball-toss game*.

Taro: You know the names of the games. How did you learn about them?

Somchai: We have a sports festival in Thailand, too. We learned* about the games from some Japanese people.

Taro: Do people in Thailand enjoy the same kind of festival?

Somchai: Yes. All of my friends in Thailand love the games. I like the running race, too. I am a fast runner.

Taro: Me, too. I am on the white team. You are on the red team. Which team will be the winner*? Let's see!

Somchai: Well, we don't know. But we can make many new friends after the festival. That is good.

Taro: Oh, you're right. I think so, too. Because we work together in the game.

Somchai: Yes. We learn the spirit* of teamwork from the festival.

Taro: For sure!

単語の解説：ball-toss game「玉入れ」、learn < learned「習う、習った」、winner「勝った人」、spirit「精神」

指導手順4

テキストを2～3回クラス全体で読み、登場人物や会話の主な話題について質問する。

① Somchai と Taro はどこの国の児童ですか。
　—Somchai はタイから来ている児童で、Taro は日本の児童である。
② 2人は、何について話していますか。
　—タイでも日本で行われている運動会をやっていること。
③ なぜタイで日本の運動会が行われるようになったのですか。
　—日本人から学び、運動会を開催するようになった。
④ Somchai は、運動会の種目で何が得意だと言っていますか。
　—かけくらべ（駆競）。
⑤ テキストの中の2つの種目と「白組の一員」、「赤組の一員」につい

て、それぞれを表す絵を見ながらその意味を推測させる。

　　～種目例～

・a tag of war（綱引き）

・a ball-toss game（玉入れ）

・a member of the whites　（白組の一員）

・a member of the reds　　（赤組の一員）

⑥ Somchai は、運動会を行う意義について何と言っていますか。

―勝ち負けよりも、協力する精神を学ぶことができるため、運動会はいいと思っている。

⑦ "the spirit of team work" を具体的に表す語をテキストの他のところから探してみましょう。

― work together

指導手順5

フォニックス活動を行い、語の音、意味、文字の相互関係を理解する。

〈"Love" を扱うフォニックス活動例〉

●　音のなかま探しゲーム　●
＊小学6学年（11-12才）×7名クラスで実施した活動を参考に

●ねらい●：音素への気づきを促す。rhyme（脚韻）・alliteration（頭韻）の活動につながるトレーニングにもなる。

　　　　＊本時のポイント
　　　　⇒単語の最初と最後の音素を認識し、同じ音で始まる、あるいは終わる語彙を見つけだす。

●準備物●：アルファベットの大文字・小文字カードや教具、テキスト・絵本教材、ポスターなど

●進め方● :〈導入〉

それぞれの文字の音素を復習し、確認する。

〈音のなかま探しゲーム〉

1. 指導者が指示する音素と同じもの（本時は、綴りは"o"だが音は /ʌ/）を含む語彙をテキスト教材・絵本、ポスターなどの中から探す。
2. 探し出した単語をホワイトボードに書く、もしくは文字カード・教具などを用いて提示し、声に出して再確認する。他に同じ音素を含む単語はないか、意見を出し合う。

【Q&A 例】

（テキストの"Love"の音を確認した後）

T.: Let's find the word that includes the sound of /ʌ/ in this book!

St.: I know! It's "come"!

T.: Where can we find the word?

S.: On page 8.

T.: Good job!

指導手順6

テキストの中で使用頻度の高い構文について理解する。

① テキストの中でしばしば「～を楽しむ」を意味する文が出てきています。例えば、下記の文です。

Do people in Thailand enjoy the same kind of festival?

"enjoy"は、「～を楽しむ」という意味です。

皆さんは、運動会でどんな競技が好きですか。主な競技を絵とそれを表す英語で与えますので、"I enjoy ～ ."で言ってみましょう。

（この場合、それぞれの競技の名前について絵を見ながらクラスで発音してみる。）

  I enjoy a running race.（短距離走）
  I enjoy a relay race.（リレー競争）
  I enjoy a giant-ball-rolling game.（大玉ころがし）
  I enjoy a three-legged race.（二人三脚）
  I enjoy a ball-toss game.（玉入れ）
  I enjoy a tag of war.（綱引き）

② 皆さんは、運動会で白組ですか、赤組ですか。白組の人、手をあげてください。赤組の人、手をあげてください。英語ではどのように言うのでしょうか。下記の表現を使って、言ってみましょう。

  I am a member of the whites.「私は、白組です。」
  You are a member of the reds. 「あなたは、赤組です。」

 皆さん、どんなクラブに入っていますか。例えば、バスケットボールクラブにいるならば、このように英語で言えます。
  I am a member of the basketball club.
 主なクラブの英語の名前をあげますので、自分の入っているクラブについて英語で言ってみましょう。

I am a member of the（   ）.
 ～クラブ・部活の例～

 tea ceremony club（茶道部）art club（美術部）soccer club（サッカー部）basketball club（バスケットボール部）judo club（柔道）baseball club（野球部）tennis club（テニス）kendo club（剣道部）cooking club（料理クラブ）volleyball club（バレー部）swimming club（水泳部）drama club（演劇部）chorus club（コーラス部）

table tennis club（卓球部）shogi club（将棋クラブ）

指導手順7

　テキストで読んだ内容に関して、また習った表現方法や語彙を使って英語で書く。児童は自分のノートに、英語で書いてみる。

① 運動会で楽しんでいる競技は何ですか。英語で書いてみましょう。
　　　例：I enjoy a running race best.
② あなたは学校で何のクラブに入っていますか。英語で書いてみましょう。
　　　例：I am a member of the soccer club.

モデルテキスト (2)

Title: Our mothers are visiting our classroom!
登場人物：日本の小学生の男子 Masaru、日本の小学生の女子 Keiko、担任教師 Ms. Okada、まさるの母親 Masaru's mother
テキストの背景：日本で英語を学んでいる小学生に文字教育を取り入れた英語指導を行う際に、なるべく身近に起こっている出来事を題材として、英語で読み書くというタスクをさせることが望ましい。自分で経験のある事柄は、スキーマを活性化させ、テキストの内容と関連づけることにより英語学習が効果的になると考えられる。この話は、学校公開のとき小学生の保護者が授業参観にやってきて、勉強の様子を見られる緊張感を話題にしている。保護者が見ていると思うと緊張して答えられないが、保護者が見に来ているから手を挙げて授業に積極的に参加している様子を見せる必要があると思う子どもの様子が描かれている。

テキストの難易度：下記の教材の難易度は、下の分析結果に示す通り、

かなり平易であり、米国の学校における小学校4学年に相当する。
Flesch Reading Ease score: 72.7 (text scale)
Flesch Reading Ease scored your text: <u>fairly easy to read</u>
Flesch-Kincaid Grade Level: 4.4
Grade level: <u>Fourth Grade</u>

指導手順1

　表紙の絵を見せて、これから読むテキストの内容について推測させる。（絵には、教室に保護者が授業を見に来ていて、児童が授業を受けている様子が描かれている）

　教師は、"What kind of story is this? Who do you see in the picture? Did you have the same experience? How do you feel?" といった質問をしながら、児童がテキストの内容を推測する手助けをする。

指導手順2

　テキストの内容を表す絵を見せながら、教師がテキストを読み聞かせる。

指導手順3

　児童にテキストを見せ、教師が1文ずつ読んで、その後から児童に読ませる。

Our mothers are visiting our classroom!

Today it is an open classroom day. Masaru and Keiko are talking about their mothers.

Masaru: Today my mother will come to our classroom. She is very interested in*math class. I don't like math. Will your mother come to our classroom?

Keiko: Yes, she will. She will come to see math and Japanese classes
Masaru: I don't like open classroom days...
Keiko: Why? I like them. They are fun. My mother loves visiting our classroom.

The math class begins at 9:00. Now it's 8:50. A few mothers are already in the classroom. Masaru's mother is one of them.
Keiko: Hey, Masaru, your mother is here!
Masaru: I know.

Ms. Okada (their homeroom teacher): OK, can anyone solve this problem "41 x 3"?

Keiko: Raise your hand, Masaru. Your mother is expecting it!
Masaru: No, I don't know the answer.
Masaru is still quiet. Masaru's mother smiles at Masaru. She sends a signal* to him.
Ms. Okada: Masaru, can you answer this question?
Masaru: Well...
Masaru's face is red.
Ms. Okada: Give it a try, Masaru.
Masaru: ...???
Masaru's mother: It is 123!

Ms. Okada: Quiet, please, Ms. Sato (Masaru's

mother). I'm asking Masaru.
Masaru's face is like a steaming kettle*. (Masaru's

face is bright red, like a steaming kettle.)

単語の解説：be interested in ～「～に興味がある」、signal「合図」、steam < steaming「湯気を立てる＜湯気をたてている」、kettle「やかん」

指導手順4

テキストを何回かクラス全体で読み、登場人物や会話の主な話題について質問する。
① 今日は何の日だと思いますか。
　―学校公開の日。授業参観日。
② 2人は、何について話していますか。
　―学校公開の日にまさおの母親が来ることになっているが、まさおはそのため緊張していること。
③ 岡田先生の質問に対し、なぜまさおは手をあげなかったのですか。
　―この掛け算の問題の答えがわからなかったから。
④ Masaru's face is like a steaming kettle とありますが（絵を見せて質問する）、何が起こったと思いますか。
　―後ろで見ているまさおのお母さんがまさおの代わりに答えを言ってしまったので、恥ずかしさで顔を赤くしている。
⑤ 小学校で勉強する科目について、絵を見ながらその科目が何であるか推測してみましょう。（教師は、それぞれの科目を表す絵を用意する）
　～教科の例～
　math (mathematics)（算数）science（理科）sociology（社会科）
　home economics (homemaking)（家庭科）　physical education (PE)（体育）
　Japanese（国語）art（美術）music（音楽）moral education（道徳）

⑥ このテキストの内容で面白いと思う部分について話し合いましょう。
　―学校公開日で、保護者の来訪でちょっと緊張する様子。子どもが解けない算数の問題を参観に来ていたお母さんが答えてしまったところ。顔が真っ赤になっていることを表すのに steaming kettle と表現しているところなど。

⑦ 英語では「恥ずかしさで赤くなる」状態を表す表現について考えてみましょう。以下は、そのいくつかの例です。日本語での表現と類似点や相違点について話し合ってみましょう。

英語表現例：
　　I turned red with shame.「恥ずかしくて顔が赤くなった。」
　　I blushed slightly.「私は（恥ずかしくて）ほんのり赤くなった。」
　　　―英語でも「照れや恥ずかしさ」を表すために「赤」という色で表現する。しかし、「湯気を立てているやかん」のイメージと「恥ずかしさ」が英語という言語でも通じるというわけではない。また、英語では、「恥ずかしさ」ということばを出さなくても「恥ずかしい」という意味を表現できる。ここで、「照れて赤くなる、恥ずかしくて赤くなる」を表す適切な表現である "blush" を教える。「恥ずかしい」ということばがなくても、この意味を伝えることができる表現である。

　　Mary blushed when her teacher praised her. 「メアリーは、先生に褒められたとき、照れて赤くなった。」
　　Why are you blushing?「なぜ照れていますか。」

⑧ "Masaru's face is like a steaming kettle." のように英語による比喩表現を勉強しましょう。日本と英語の似ている点と違いについて考えましょう。

I sleep like a log.　　　　死んだよう（丸太のよう）に眠る。
　　　I eat like a horse.　　　　馬みたいにたくさん食べる。
　　　He is foxy (cunning like a fox).　きつねのように抜け目がない。
　　　This car is like a lemon.　　この車は、欠陥車だ（米語の用法）。
　　　She sings like a bird.　朗らかに笑う。
　　　My father and I are like two peas. お父さんとぼくは、瓜二つだ。
　"She is like a lemon."や"My father and I are like two peas."以外は、日本語から予想できる。キツネの狡猾なイメージ、馬がたくさん食べる様子、鳥がさえずるように歌うというのも日本語でも想像できる。"I sleep like a log."は、日本語では「丸太のように眠る」とは言わないが、「前後不覚に眠る」という表現に相当する。一方、lemonが「欠陥のある、問題のある」の意味で使われるのは、日本語ではない発想であることに気づかせる。また two peas「同じエンドウ豆＝同じ瓜」は、対象となるものは違うが、発想が同じであることを理解させる。「瓜二つ」という日本語の表現を出して、とてもよく似ている双子の写真などを見せて理解させる。

指導手順5

　フォニックス活動を行い、語の音、意味、文字の相互関係を理解する。

〈vowel /i/ を扱うフォニックス活動例〉

● **タスク例** ●
〜キーサウンド・ゲーム〜
＊小学6年（11−12才）×7名クラスで実施した活動を参考に

●ねらい●：音素への気づきを促す。
　　　　＊本時のポイント
　　　　⇒ vowel /i/ の音への意識を高める。

●準備物●：音素および単語を提示するカード（イラスト入りが望ましい）

●進め方●：〈導入〉
1. 本文中に出てくる単語"visiting""still""signal"などを提示し、全員で発音と意味を確認する。
2. 似ていたり違っていたりするところ（音、綴りなど）を確認する。
3. /i/ の発音が同じであることを確認する。

〈キーサウンド・ゲーム〉
1. 児童はペアになる。
2. 消しゴムを 1 つ用意し、ペアの真ん中に置く。
3. 児童は両手を頭の上に上げる。
    ＊公平にゲームを行うため
4. /i/ をキーサウンド (key-sound) に指定する。
5. 指導者はあらゆる単語を発話していき、児童はそれぞれの単語の発話の後リピートしていく。ただし、キーサウンドが含まれている単語だと思ったら、リピートせずに消しゴムを取る。
6. ペアのうち、早く消しゴムを取った児童が勝ち。

＊消しゴムのほか次のようにアレンジしてもよい。
「オニギリと犬」
　片手をまるめてオニギリに、もう片手を犬の口に見立てる。互いの手が、相手のオニギリを食べる犬のように準備しておく。キーサウンドが聞こえたら片手（犬の口）は相手のオニギリを食べ、もう片手（オニギリ）は逃げる。オニギリを食べることが出来たら勝ち。

「バンザイ」

キーサウンドが聞こえたらバンザイをする。
個々で対抗する。

【ゲームの説明例】
① Let's make pairs. Put one eraser between the two of you.
② The "key-sound" is /i/.
③ Listen to me and repeat the word that I say.
④ If you catch the key-sound, you can take the eraser.
⑤ The person who takes the eraser first is the winner!

|指導手順6|

テキストの中で使用頻度の高い構文について理解する。
① テキストの中でしばしば「〜に興味がある／〜が面白いと思う」を意味する文が出てきています。例えば、下記の文です。

She is very interested in math.

"is/are interested in" は、「〜に興味がある」という意味です。

皆さんは、学校で勉強する科目の中でどんな科目に興味がありますか。先ほど学んだ科目を表す英語を使って、"I am interested in 〜ｲ."で表現してみましょう。

この場合、それぞれの科目の名前について、絵だけを見せながらクラスでその発音を聞かせ、児童を指名して答えさせる。児童が答えた後で、それぞれの科目を表す文字列（単語）を見せ、クラスで発音させる。（指導手順4の⑤にある絵を見せながら書かせる。）
例：I am interested in art.

② 英語による比喩表現について、その意味を推測してみましょう。
下記には、比喩表現で使われる語が描かれています。その意味について考え、下にある英文の空欄に適語を入れてみましょう。

(1) a horse　　(2) a fox　　(3) a bird　　(4) a bee
(5) a log　　(6) a lemon　　(7) peas

a. Bob works like a bee .
b. You eat like a horse .
c. Mary is crazy like a fox .
d. Jane sings like a bird .
e. I sleep like a log .
f. This bicycle is a lemon .
g. My mother and I are like peas .

指導手順7

テキストで読んだ内容に関連した話題について、習った表現方法や語彙を使って英語で書く。児童は自分のノートに英語で書いてみる。

① 学校の科目で、または行事の中で何が面白いですか。"interested in ～"を使って英語で書いてみましょう。また、その理由についても書いてみましょう。

　　例：I am interested in art. I like painting.
　　　　I am interested in chorus . I like singing songs.

モデルテキスト（3）

Title: A Peach Boy
登場人物：桃太郎　Peach Boy、おじいさん　the old man、おばあさん　the old woman、雉（きじ）pheasant、犬　the dog、猿　the monkey、鬼　ogre
テキストの背景：日本で英語を学んでいる小学生に文字教育を取り入れた英語指導を行う際に、既に児童が知っている昔話の英語版をテキ

ストとして使うことも効果的である。まだアルファベット文字に慣れていない段階でも、幼少の頃から聞いたり読んだりした日本の話であれば、おじいさんとおばあさんが登場し、そこへ何か事件が起きてといった日本の昔話の典型的な場面設定など story schema が十分あるため、英語による理解がかなり期待できる。テキストの中で、「雉」「鬼ヶ島」「鬼」を表す英語は、日本の小学生は知らない単語であるが、絵を見せることにより、その意味は理解できる。また、犬、猿、雉がお供になる場面は繰り返されているので、何回も読むことにより英語のリズムを理解することが期待される。既に知っている話であるため、英語になるとどのように表現されているのかという点に注目させながら、場面を表す日本語の記述とテキストを比較しながら読むとよい。「桃太郎さん」は比較的長いテキストであるから、そのように場面（プロット）ごとに、そこで起こっている事柄を英語で理解させ、登場人物の気持ちについても考えながら、全体の話の流れを把握できるように指導する必要がある。

テキストの難易度：この教材の難易度は、下の分析結果に示す通り、かなり平易であり、米国の学校における小学校2学年に相当する。

Flesch Reading Ease score: 91 (text scale)
Flesch Reading Ease scored your text: very easy to read
Flesch-Kincaid Grade Level: 2.1
Grade level: Second Grade

指導手順 1

表紙の絵を見せて、これから読むテキストの内容について知っていることを言わせる。教師は、"Do you know this story? Who is the main character? What kinds of animals are in this story?" などの質問をしながら、児童に昔話の「桃太郎」について思い出させる。

指導手順2

テキストの内容を表す絵（①から⑪まで場面を描いた絵がある）を見せながら、教師がテキストを読み聞かせる。

指導手順3

児童にテキストを見せ、教師が1文ずつ読んで、その後から児童に読ませる。（テキストの中の①～⑪は、場面の数を示している。）このとき、"Once upon a time ～"「昔々」、"They lived happily ever after."「その後も幸せに暮らしたということです」という昔話によく出てくる英語の表現を読みながら覚えさせる。

A Peach Boy

① Once upon a time, an old man and an old woman lived in the countryside. They did not have any children. Every morning the old man went out to work. He cut grass. His wife always went to the river. She washed clothes there.

② One day she found a big peach in the river. She took it home.

③ At home, she cut the peach. A boy came out of it. The old man and the old woman were surprised! Some years later the boy became a big and strong young man. The peach boy's name was Momotaro. The boy became their son. The family was very happy.

④ Momotaro was a good boy. He was brave, too. One day he said to his mother and father, "I'll go to Ogre's Island*. I'll fight the ogres*. They took our food and our gold!"

⑤ The old woman made *dangos* for him. He liked these sweets very much. He went to Ogre's Island.

⑥ On the way to the island, Momotaro met a dog. The dog asked, "Where are you going?" Momotaro answered, "I'm going to Ogre's Island. I'll fight the ogres. They took our food and our gold." The dog said, "How brave! Please give me a dango. Then, I'll go with you." Momotaro said, "OK. Here's a dango for you. Let's go."

⑦ On the way to the island, Momotaro met a monkey. The monkey asked, "Where are you going?" Momotaro answered, "I'm going to Ogre's Island. I will fight the ogres. They took our food and our gold." The monkey said, "How brave! Please give me a dango.

Then, I'll go with you." Momotaro said, "OK. Here's a dango for you. Let's go."

⑧ On the way to the island, Momotaro met a pheasant. The pheasant asked, "Where are you going?" Momotaro answered, "I'm going to Ogre's Island. I will fight the ogres. They took our food and our gold." The pheasant said, "How brave! Please give me a dango. Then, I'll go with you." Momotaro said, "OK. Here's a dango for you. Let's go."

⑨ Momotaro went to Ogre's Island. The dog, the monkey, and the pheasant followed him.

⑩ They arrived at the island. Many ogres were having a big party. Momotaro and his men saw the food and the gold. "Let's go and attack them!" They fought very hard. Finally they won.

⑪ They went home. They brought back a lot of food and gold. The old man and woman were very happy. The old man, the old woman and Momotaro lived happily ever after.

単語の解説：fight < fought 〜「と戦う、と戦った」、on the way to 〜「〜に行く途中」、island「島」、Ogre's Island「鬼が島」、ogre「鬼」、*dango* (Millet cake)「団子（きび団子）」、pheasant「雉」、follow「〜後について行く」、attack「突撃する」、win < won「勝つ、勝った」

指導手順４

テキストを何回かクラス全体で読み、登場人物や会話の主な話題について質問し、日本語で覚えている内容と英語の表現を比較しながら英語

表現に慣れる。
① 登場人物について説明してください。（鬼、雉は、絵を見せて、意味と音を理解させる。）
　―桃太郎、おじいさん、おばあさん、鬼、犬、猿、雉
② 話の場面①～⑪（プロット）を説明している日本語のカードを英語のテキストの中で段落を表す数字の横に置いてみてください。

|場面カード1|
　昔々あるところにおじいさんとおばあさんが住んでいました。おじいさんとおばあさんには子どもがいませんでした。おじいさんは、芝刈りに、おばあさんは川へ洗濯に行くのでした。

|場面カード2|
　ある日、おばあさんが川で洗濯をしていたところ、大きな桃を見つけました。おばあさんはそれを自宅に持って帰りました。

|場面カード3|
　おばあさんが桃を切ると、そこから男の子が出てきました。おじいさんとおばあさんは大変驚きました。やがてその男の子は元気に育ち、桃太郎と名づけられ、おじいさんとおばあさんの子どもになりました。

|場面カード4|
　桃太郎は、大変勇気のある少年に成長しました。ある日、桃太郎は、鬼ヶ島に悪い鬼を退治しに行くとおばあさんに言いました。

|場面カード5|
　おばあさんは、桃太郎のためにきび団子を作ってあげました。桃太郎はそれを持って鬼退治に出かけました。

|場面カード6|
　鬼ヶ島へ行く途中、桃太郎は犬に会いました。犬は、どこに行くのかと尋ねました。鬼ヶ島へ鬼退治に行くと桃太郎が言うと、犬はお供にして連れて行ってほしいと頼みました。桃太郎は、犬をお供にすることにして、きび団子を犬にあげました。

場面カード7

　桃太郎は、鬼ヶ島へ行く途中、今度は、猿に会いました。猿は、どこに行くのかと尋ねました。鬼ヶ島へ鬼退治に行くと桃太郎が言うと、猿はお供にして連れて行ってほしいと頼みました。桃太郎は、猿をお供にすることにして、きび団子を猿にあげました。

場面カード8

　桃太郎は、鬼ヶ島へ行く途中、今度は、雉に会いました。雉は、どこに行くのかと尋ねました。鬼ヶ島へ鬼退治に行くと桃太郎が言うと、雉はお供にして連れて行ってほしいと頼みました。桃太郎は、雉をお供にすることにして、きび団子を雉にあげました。

場面カード9

　桃太郎は、3人のお供を連れて、鬼ヶ島に向かいました。

場面カード10

　桃太郎と3人のお供は、島に着きました。たくさんの鬼がパーティをしていました。桃太郎たちは、彼らが盗んだ食べ物や金を見つけました。桃太郎たちは、攻撃をかけ、ついに鬼を退治することができました。

場面カード11

　桃太郎たちは、たくさんの食べ物と金を持って帰ってきました。おじいさんとおばあさんは、大喜びでした。桃太郎たちは、幸せに暮らしました。

③ なぜ、犬、猿、雉は桃太郎のお供になろうと思ったのですか。また、それはテキストのどの表現からわかりますか。
　―桃太郎は勇気があると思ったから。
　―The dog said, "How brave!" The monkey said, "How brave!" The pheasant said, "How brave!"

④ 犬、猿、雉はなぜ桃太郎のきび団子をほしがったのでしょうか。（これは、児童が想像して色々な意見を言ってよい。知っている英語表

現を使って答えを引き出すことができる。)

—Because it is sweet. Because it is good. Because they like sweet things.

⑤ それぞれの場面での出来事について、英語で質問し、児童に英語で答えさせる。

場面①　What did the old man do? —He cut grass.
　　　　What did the old woman do? —She washed clothes in the river.

場面②　What did the old woman find in the river? —She found a big peach.

場面③　What did the old man and woman find in the peach? —They found a boy.
　　　　What name did they give to the boy? —They named him *Momotaro*. (=They gave him the name of *Momotaro*.)

場面④　Where did Momotaro want to do? —He wanted to go to Ogre's Island.
　　　　Why did he want to go there? —Because he wanted to fight the ogres.

場面⑤　What did the old woman make for him? —She made dangos.

場面⑥　Who did Momotaro meet on the way to the island? —He met a dog.
　　　　What did the dog ask for? —He asked for a dango.
　　　　What did the dog do after getting the dango? —He went to the island with Momotaro.

場面⑦　Who did Momotaro meet on the way to the island? —He met a monkey.
　　　　What did the monkey ask for? —He asked for a dango.
　　　　What did the monkey do after getting the dango? —He went to the island with Momotaro.

場面⑧　Who did Momotaro meet on the way to the island? —He met a

　　　　　　pheasant.
　　　　　　What did the pheasant ask for? —He asked for a dango.
　　　　　　What did the pheasant do after getting the dango? —He went to the island with Momotaro.
　　場面⑩　Momotaro and his men arrived at Ogre's Island. What were the ogres doing? —They were having a big party.
　　　　　　Did Momotaro and his men win? —Yes, they did.
　　場面⑫　What did they bring back home? —They brought back a lot of food and gold.

|指導手順5|

　　フォニックス活動を行い、語の音、意味、文字の関係を理解する。

　　　　　　　　〈 vowel /æ/ を扱うフォニックス活動例 〉

　　　　　　　　　　● タスク例 ●
　　　　　　　　　　～旗揚げ・ゲーム～
　　　＊小学6年（11－12才）×7名クラスで実施した活動を参考に

●ねらい●：音素への気づきを促す。
　　　　　　＊ 本時のポイント
　　　　　　⇒ vowel /æ/ の音への意識を高める。
●準備物●：音素および単語を提示するカード（イラスト入りが望ましい）、旗のような道具（道具がなければ、代わりに挙手でもよい）
●進め方●：〈導入〉
　　　　　　1. 本文中に出てくる単語 "grass" "man" "happy" などを提示し、全員で発音と意味を確認する。
　　　　　　2. 似ていたり違っていたりするところ（音、綴りなどを

確認する。
　　3. /æ/ の発音が同じであることを確認する。
〈旗上げ・ゲーム〉
　1. 児童はペアになる。
　2. 旗をペアに1つ準備し、真ん中に置く。
　3. /æ/ をキーサウンド (key-sound) に指定する。
　4. 児童は両手を頭の上に上げる。＊公平にゲームを行う。
　5. 指導者は本時の教材 *A Peach Boy* を読んでいき、児童は /æ/ の音が聞こえたら旗を上げる。
　6. 読み終わるまでに何回上げたかを数える。
　　指導者は物語全体の中で /æ/ の音が何回あったのかを伝える。
　　　＊同じ "a" の綴りを持つ単語でも異なる発音を持つことがあることに気づかせるとよい。

指導手順6

テキストの中で使用頻度の高い構文について理解する。
① テキストの中でしばしば「私に〜をください」を意味する文が出てきています。例えば、下記の文です。

　　Please give me a dango.

　"give me 〜" は、「私に〜をください」という意味です。
　また、その答えとして、次のような答え方ができます。例えば、下記の文です。

　　Here's a dango for you.

　"Here's 〜 for you." は、「ここにあなたのための〜があります」という意味です。そこにあるものが2つ以上ある場合は、"Here are dangos for you." となります。
　この2つの表現を使って、英語で話してみましょう。絵に描かれているものをくださいとたずねてみましょう。また、ここにありま

すよと答えてみましょう。

  Pupil A: Please give me *a pencil*. Please give me some pencils.
  Pupil B: Here's *a pencil* for you. Here are pencils for you.
  Pupil A: Please give me *a memo*.
  Pupil B: Here's *a memo* for you.
  Pupil A: Please give me *some cookies*.
  Pupil B: Here are *cookies* for you.

② テキストの中で繰り返し出てくる表現に"On the way to the island,"があります。"On the way to school「学校に行く途中に」"から始めて、「今朝、学校へ行く途中、誰に会ったか」を英語で書いてみましょう。

  例：This morning on the way to school, <u>I met a friend of mine, Masao.</u> We went to school together.
  This morning on the way to school, I _____
  _____.

指導手順7

テキストで読んだ内容に関連した話題について、また習った表現方法や語彙を使って英語で書く。児童が自分のノートに、英語で書いてみる。

① これまで読んだことのある日本の昔話や西洋の物語（イソップ童話など）の主人公について思い出してみましょう。それぞれの主人公（主人公が動物の場合も含め）はどんな人たちでしたか。テキストで習った表現を使って英語で書いてみましょう。

  例：Momotaro is a good boy. He is brave. Ogres are very bad.
  They took lots of food and money from the people in the

countryside.

モデルテキスト (4)

Title: The Japanese Old Stories

登場人物：アメリカ人の小学 5 年生の女子 Jane と日本人の小学 5 年生の女子 Satomi

テキストの背景：小学校学習指導要領 (p.34)、小学校学習指導要領解説「外国語活動編」(p.9) にも記載があるが、日本の小学生に英語を教える際に、日本の文化と外国の文化の違いに気づかせる内容のテキストを扱うことも重要である。日本で育った人であれば誰もが幼少の頃から聞いたことのある昔話は、「勧善懲悪」「勇気を持つことの意義」「男子は強くたくましく」「女子はやさしく」など日本人が伝統的に受け継いでいると思われる価値観が育つ過程に影響を及ぼしているようである。下記のテキストでは、日本の桃太郎や一寸法師といった昔話には、強くてたくましい男の子が、鬼退治をして最後には幸せになるといった日本の昔話に共通するテーマがあることを話題としている。このようなテキストを英語で読むことは、日本の昔話が、外国人からはどのような印象を持たれるのか、日本の児童に考えさせる機会にもなる。

テキストの難易度：この教材の難易度は、下の分析結果に示す通り、いくらか難しく米国の学校における小学校 5 学年に相当する。

Flesch Reading Ease score: 72.1(text scale)

Flesch Reading Ease scored your text: fairly easy to read

Flesch-Kincaid Grade Level: 4.9

Grade level: Fifth Grade

指導手順1

モデルテキスト(3)の「桃太郎さん」についてのテキストを読み終わった後に、その内容について思い出させ、モデルテキスト(4)の内容と結びつける。

教師は、"What kind of person was Momotaro? Do you remember it? What did he do? At the end what happened to him? Is he strong? Or is he weak?"など、質問をしながら、児童に昔話の「桃太郎」について思い出させる。

指導手順2

テキストの内容を表す絵を見せながら、教師がテキストを読み聞かせる。

指導手順3

児童にテキストを見せ、教師が1文ずつ読んで、その後から児童に読ませる。

JaneとSatomiは、桃太郎のお話を読んで、日本の昔話の特徴について話し合っています。

Jane: Momotaro is a very interesting story. He came out of a peach. So his name is Momotaro. Momo means "a peach" in Japanese.

Satomi: Yes, this is a very popular story in Japan. All Japanese people like it. Momotaro is a strong and brave man. At the end he wins!

Jane: I know another story, Issun-boshi. He is very small, like a pinky finger*, but he is a brave boy. He attacks ogres* like Momotaro.

Satomi: You know Japanese stories very well. Sometimes you can find a beautiful princess in Japanese stories.

Jane: Yes. Issun-boshi is a good example. He meets a beautiful princess with a mallet*. She helps him with it. Then, look! Issun-boshi becomes a tall handsome man!

Satomi: In many stories, a good man and a good woman live happily in the end. Momotaro comes back with food, gold and money. Issun-boshi gets married* to the pretty

girl.

Jane: How about ogres? Are ogres real*?

Satomi: I don't think so. They are imaginary* creatures*. Uh, maybe* they are mean* minded like ogres in real life.

Jane: Well, I think Japanese stories sometimes teach us some lessons!

単語の解説：pinky finger「小指」、ogre(s)「鬼」、mallet「小槌」、get married「結婚する」、real「本当に」、imaginary「想像上の」、creature(s)「生き物」、maybe「おそらく」、mean「意地の悪い」

指導手順4

テキストを何回かクラス全体で読み、登場人物や会話の主な話題について質問する。特に、Jane が日本の昔話についてどう考えているか、話し合ってみる。

① Jane は、「桃太郎さん」という日本の昔話についてどう考えていますか。テキストの中の英語表現を使って言ってみましょう。
　―Momotaro is a very interesting story.

② Jane は、①の理由としてどんなことを言っていますか。
　―His name is Momotaro. He came out of a peach and momo means a peach.

③ Satomi は、日本の昔話の共通点としてどんなことをあげていますか。テキストの中の英語表現を使って答えましょう。
　―In many stories, a good man and a good woman live happily in the end.

④ 日本で放送されているドラマなどで同じようなお話を知っていますか。クラスで話し合ってみましょう。
　―「水戸黄門」や捕物帳の時代劇などは、最後は善良な人が幸せになるという設定になっている。日本人視聴者は、happy end の話が好きなのだろうか。また、日本人の意識の中には、善良な人は、必ず幸せになるという考えが根強く存在しており、それが美徳であ

ると信じているのかもしれない。

⑤ Jane は、最後に"Japanese stories sometimes teach us some lessons."と述べているが、どんな lessons を学ぶと思っているのだろうか。クラスで考えてみましょう。

―男子は、強く勇気があるのがいい。勇気のある行動をとって、悪に立ち向かうことはよいことだ。勇気をもって何かを成し遂げることにより幸福になる、など。

指導手順5

フォニックス活動を行い、語の音、意味、文字の相互関係を理解する。

〈look, good, food を扱うフォニックス活動例〉

●　タスク例　●
～ミッシング・ゲーム～
＊小学6年（11－12才）×7名クラスで実施した活動を参考に

●ねらい●：音素への気づきを促す。
　　　　　＊本時のポイント
　　　　　⇒ vowel digraphs（二字母音）"oo"への意識を高める。
●準備物●：音素および単語を提示するカード（イラスト入りが望ましい）
●進め方●：〈導入〉
　　1. 本文中の単語"look""book""food"を提示し、全員で発音と意味を確認する。
　　2. 3語の中で、似ていたり違っていたりするところ（音、綴りなど）を確認する。
　　3. "oo"の発音は2種類あることを紹介し、短母音の /u/、長母音の /u:/ を確認する。

4. ほかに、似たような音を持つ単語はないかと質問する。出なければ、cook, wool, cool, moon（後の3語は長母音）の単語を提示して全員で発音と意味を確認する。

〈ミッシング・ゲーム〉

5. 全てのカードを黒板（ホワイト・ボード）に貼る。
6. 子どもたちに目を閉じるよう指示を出し、目を閉じている間に何枚か隠す。
7. 目を開ける指示をし、子どもたちは隠されたカードの単語を当てていく。

【会話例】

T.: Are there any words that have /u/ sound?
St.: I know! It's "cook"!
T.: That's right! "Cook" has a short vowel /u/.
　　Let's say together! "Cook".
St.: "Cook"!
T.: Great! Anything else?
　　（単語が出にくい場合はヒントを出す）
T.:（上記の7単語を黒板に貼ったら）
　　Close your eyes.（カードを何枚か隠す）
　　Open your eyes. What's missing?
St.: "Book"!
T.: Well done!

＊児童の実態に応じ、導入する単語の数を増減したりミッシング・ゲームで隠す単語カードを増やしたりアレンジしてもよい。

指導手順6

テキストの中で使用頻度の高い構文について理解する。

① テキストの中でしばしば「～になる」を意味する文が出てきています。例えば、下記の文です。

Issun-boshi becomes a tall, handsome man!

「一寸法師は、背が高い美男子になる。」と訳します。"become ～"は、「～になる」という意味です。

下記の絵を表すように、"become ～"を使って書きましょう。

—She becomes a beautiful girl.

—It becomes a butterfly.

—It becomes a frog.

指導手順7

テキストで読んだ内容に関連した話題について、また習った表現方法や語彙を使って英語で書く。児童が自分のノートに英語で書いてみる。

① 自宅で犬や猫を飼っている児童あるいは学校でうさぎや亀を飼育している児童もいるでしょう。それらの犬や猫などの動物が、どのようになったか、またそれらの動物の様子について"become ～"を使って英語で書いてみましょう。

例：Pochi becomes a big dog. He runs very fast.

Pyonnta becomes a fat rabbit. He eats a lot of foods.

参考文献

Lovetoteach.org. Free Resources for Teachers, Students, and Parents. Retrieved May 9, 2016 from http://www.lovetoteach.org/tag/egg.html.

Manalo, E., Uesaka, Y., Sekitani, K. (2013). Using mnemonic images and explicit sound contrasting to help Japanese children learn English alphabet sounds. *Journal of Applied Research in Memory and Cognition 2* . Science Direct. pp.216-221.

Puzzles to Print. Free Printable Puzzles. Apple Word Search.

Retrieved May 9, 2016 from

http://www.puzzles-to-print.com/word-searches-for-kids/apple-word-search.shtml.

小野尚美・高梨庸雄（2014）『「英語の読み書き」を見直す— Reading Recovery Program 研究から 日本の早期英語教育への提言—』金星堂.

田中孝治・加藤隆（2008）「学習方略としての分散効果の有効利用」日本認知科学会大会発表論文集 pp.292-297.

文部科学省（2008）『小学校学習指導要領解説 外国語活動編』東洋館出版社.

文部科学省（2013）「報道発表「グローバル化に対応した英語教育改革実施計画」について．「グローバル化に対応した英語教育改革実施計画」 Retrieved May 9, 2016 from http://www.mext.go.jp/b_menu/houdou/25/12/__icsFiles/afieldfile/2013/12/17/1342458_01_1.pdf.

文部科学省（2016）「外国語ワーキンググループにおけるこれまでの検討事項に関する論点補足資料」初等中等教育分科会 教育課程部会　外国語ワーキンググループ．Retrieved May 9, 2016 from http://www.mext.go.jp/b_menu/shingi/chukyo/chukyo3/058/siryo/__icsFiles/afieldfile/2016/01/15/1366027_3.pdf.

おわりに
―小中連携と今後の展望―

　平成26年に出版した『「英語の読み書き」を見直す Reading Recovery Program 研究から日本の早期英語教育への提言』と題した著書では、筆者2名（小野、髙梨）がオーストラリア、ニュージーランド、カナダで参加した研修結果を踏まえながら、RR プログラムの内容を紹介した。RR プログラムは、ニュージーランドを始めとする英語圏で、英語を主要語（L1）とする児童の読み書き能力を回復させるための介入プログラムの一つであり、様々なデータ分析の結果からその効果が認められているが、海の向こうの literacy 教育のための言語指導法であるせいか、この指導法についてはごく少数の学会誌で紹介されている以外は、これまでほとんど話題になったことはない。

　本書は、この『「英語の読み書き」を見直す Reading Recovery Program 研究から日本の早期英語教育への提言』で述べたことを実際に日本の小学校での英語指導へいかに応用できるか、その具体的なアイディアを提案している。Reading Recovery Program（以下、RR プログラムと略す）の特徴についての記述から始めて、その RR プログラムを日本の小学校での英語指導に応用できる理由、日本の小学校英語指導に関連する話題または課題について先行研究や資料、データを使ってそれぞれの章で説明してきた。また、RR プログラムの指導理念と指導法を応用し、日本の小学生に英語を教えた実験授業の報告を行い、その実験授業の結果に基づいて土屋佳雅里氏の小学校英語の実践者としての経験とアイディアを盛り込みながら指導モデルおよび教材モデルを提示した。最初の章で述べているが、著者が RR プログラムに出会って以来、この指導法が日本の小学校英語指導法のモデルとなり得ると考えるに至った理由は、教師と生徒が interaction を行いながら、"roaming around the known" で表されているように生徒の既に知っていること、興味のあることを引き出

すことから学習が始まるということである。それはまさに、生徒の興味や知識を含む生活環境や学習環境を英語学習者の言語活動のためのcontext（状況）として、音声言語だけでなく読み書き（書記言語）を通して、言葉の音、文字、意味の相互関係を理解させていくという本来の言語学習の在り方に沿ったものだからである。

　上記の理由から、このRRプログラムの指導法とその理念は、小学校レベルだけでなく、中学校レベル、さらに高等学校以上の校種の効果的な英語指導法のためにも重要な示唆を与えることができる。言葉の音、文字、意味の相互関係の理解をさせながら、授業内での英語で読み書きする活動に加え、宿題として多読をすることになり、英語の文字に触れる機会が多くなる。また、多読で培われる自動化された英文読解能力を授業内での英語学習に活かすことができるからである。

　RRプログラムでは、学習者のレベルに合ったテキストを読み、同じレベルのテキストで、学習者が興味を持ちそうな本を宿題として自宅で読んでくることになっている。実際の日本の小学校や中学校で教える時には、どうであろうか。例えば、英語を主要語として学ぶ英語圏の幼稚園または小学校でリテラシー教材として使われているSRA Reading Laboratory（McGraw Hills社から出版）のような語彙や文の長さが段階別になり、話題豊富なReading教材が必要となってくる。その際、教材の内容は、日本の昔話、日本の小学校児童がよく知っている話題を扱ったもの、日本の文化で長年伝えられてきた価値観を話題にしているテキストから読み始めることで"roaming around the known"を実現させることができるのではないだろうか。生徒が自身の文化に関連したテキストを読み続けながら、生徒と共有できるテーマを扱った英語圏を舞台としたテキストや生徒の身の回りで起こりうる異文化体験を扱ったテキストを読む面白さがわかるようになると、読むテキストのジャンルが広がって行くであろう。

　ライティング活動に興味を持たせ、英語で書くことに慣れさせるにも、やはり"roaming around the known"の指導方針が重要になってくる。教

師から与えられたテーマや題材について書く、学習した構文や表現を習得訓練のために使って英作文を書くといった活動ではなく、生徒の日常生活で起こる出来事や興味を題材としたライティングから始めることが肝要である。そのような"personalized instruction"は、生徒にとって勉強のための英語によるライティング (learn how to write in English) ではなく、考えていること感じたことを英語で書いてみる (write to express in English) といった生徒自身の意味のある活動になるからである。英語を母語とする児童が読み書き能力を向上させる活動のように、日本で英語を学ぶ小学生にとって英語で読み書きすることが意味のある活動になるよう導くことが英語によるコミュニケーション能力の素地作りの一助となるのではないだろうか。

またRRプログラムでは、英語指導の際の教師と生徒との「対話 (dialogue)」の重要性について示唆を与えている。RRプログラムは教師と生徒の一対一の指導であるが、その基本となる指導方法の教師によるquestion、prompt、recastingを含むフィードバックは、生徒が英語で読む活動の中で自分の知っていることを引出し、またはわかっていないことに気づかせ、テキスト理解を手助けして (scaffolding)、生徒の語学能力をさらに引き上げる指導を可能にする。つまり教師との「対話 (dialogue)」がこのscaffoldingの役割を果たし、テキストが提供しているcontextの中の社会や文化的要素の生徒による理解を助けることができる。

先にも述べたが、RRプログラムは、小学校英語の指導モデルとしてだけでなく、中学校での英語の読み書きに躓いてしまった生徒の能力回復のための指導法モデルになる可能性も秘めている。この指導法がもともと英語の読み書きにおける児童の躓きの原因を究明し、教師との対話を通してその問題を解決しながら読み書き能力を回復するという指導法であることから、中学校1、2年の段階で既に英語を「難しい」と感じるようになり、英語嫌いになってしまう傾向にあると言われている日本の中学生の読み書き能力回復のための指導としても役立つであろう。

また、RR プログラムでは英単語の音、文字、意味の相互関係の理解から始め、教師との dialogue の中で、わからないことを明らかにし、自分で問題を解決しながらテキストを理解し、英語で書くことに慣れていく。これは小学校で英語を学習したが、中学校で導入される文法規則の理解が不消化になり、多くの英単語が覚えられないという理由で躓く日本の中学生のための「小中連携」を意識した英語指導法としての可能性が考えられる。

　2020年には、小学校5、6年生の外国語活動は外国語という「教科」となり、生徒の英語の習得が目標となるため、彼らの performance を評価することができる教員の養成が必要となってくる。小学校におけるALT（日本語を母語としない外国語指導助手）、担任教師、JTE（日本人英語教師）の役割分担、中学校における ALT と日本人英語教師との連携方法についても議論されるべきであろう。英語指導をしばしば ALT に任せる傾向にあると言われている担任教師が、生徒の興味や関心に注目し roaming around the known を助け、社会文化的知識を教えることができると期待される ALT とそのパイプ役となっている JTE とが連携して、テキストが提供している情報を生徒に理解させることができる。中学校でも、日本文化の視点に基づくテキスト理解と ALT の異文化的視点に基づく理解が可能となり、言語学習に伴う異文化理解教育を推し進めることができる。テキストを情報源として、異文化理解教育をより強力なものにするために ALT の存在が重要になってくるはずである。

　さらに教員養成については、RR プログラムで行われているように、それぞれの小学校で、担任教師、ALT、JTE のために指導方法の枠組みを設定し、英語を教える教師が研修に参加することによりその指導の技術を磨くことができる仕組みが必要なのではないかと考える。音声言語と書記言語をいかに関連づけるかなど読み書きの指導法についての情報だけでなく、生徒の学習状況について情報交換することで、より効果的な指導法を確立することができる。

　カリキュラムにおいても小中連携を目指す英語指導法を確立するため

には、小学校で英語を学んだ経験のある中学生が段階的に能力を伸ばすためにどのような順番で文法規則や語彙を導入していくべきか、小学校で学んだ英語を土台として中学校で学ぶ英語の理解を助けるプログラムについて改めて思案しなければならない。それに伴い、教材の内容を充実させることも肝要である。現在使われている主な中学校英語検定教科書では、中学1年の初めの1、2時間で小学校のときに学んだ *Hi, friends! 1, 2* の内容を振り返るための課が設けられている。音声言語で学んできた内容についてアルファベット文字で表し生徒に認識させるレベルの Review Lessons（準備期間）となっている。平成27年には *Hi, friends!* に続き、*Hi, friends! plus* という名称の電子教材を、一部の小学校において試験的に実施している。その中では確かにアルファベットを以前より積極的に使用し、文字と音の関係に触れるタスクに加え、最後にはイラスト入りの物語も含まれているのだが、文字と音との関係を理解させる段階には至っておらず、英語で書かれたテキストを読むためのタスクとしてはまだ十分ではない。また、英語で書くタスクも含まれていない。この小学校および中学校での英語学習を連携させる目的で設けられている「準備期間」により多くの時間と労力を費やす必要があり、そのためにRRプログラムから得られる指導のヒントに注目すべきではないだろうか。

　言語を学ぶときにはそれが使われているcontextを提示するテキストが必要である。特に日本で英語を学習している小学生や中学生のように、普段の生活で目標言語を使う機会が少ない場合は、様々な言語使用の場面を示す必要がある。学習者が関心を持てるような、自分の知識を活用して読めるテキストでなければならないであろう。また、それらを読むことによって目標言語である英語が主要言語となっている英語圏文化の理解や、英語を通して異文化理解ができるような豊富な教材を開発することが求められるであろう。そのような学習者の思考を刺激することのできる教材は、英語で「書く」活動をさせるときの題材を豊富に提供することができる。このように考えると、私たちはRRプログラムから日

本の学習者の英語指導へ多くのヒントを得られそうである。これからますます小中連携を目指す英語教育についての議論が高まる中、指導方法、教員研修の在り方、教材作成のために、このRRプログラムがその架け橋となることを願っている。

Index 索引

A

accountability, 98
acculturation, 23
ACTFL, 93
additional language, 15, 45
addressed route, 110
alphabetic literacy, 113
ALTE 'Can Do' statements, 73
analytic phonics, 27, 41, 42, 43, 44
assembly route, 110
assessment, 98

B

Basic User, 88
benchmarks, 101
Burt Word Reading Test, 8, 16, 35

C

CAN DO descriptors, 80
CAN DO 記述文, 80
CAN-DO リスト, 83
CCSS, 99
CEFR, 85
challenge book, 9, 11, 12, 43, 45
Clay, 21, 40, 61
collaborative inquiry, 14
contingent / responsive teaching, 36
Council of Europe, 86
Critical Period Hypothesis, 65
Cronbach's α, 125
cultural transmission model, 23
cut-up story, 9, 12, 27, 44, 45, 116, 158, 162, 202

D

decile, 16, 17, 18
decode, 132
Development User, 88
diagnosis, 98
digraph, 122
discontinue, 8, 14
dual-route model, 110
dyslexia, 128

E

ELL, 100
ELL (English Language Learners), 121
ELLs, 92
emergent literacy, 10, 21, 22, 24, 25, 26, 201
environmental prints, 59
evaluation, 97

F

free school meals, 15
frustration leveled text, 10

G

graphic representation, 111
guided reading, 48, 49

H

high quality phonics, 133

I

IB, 57
IB Learner Profile, 58
IES Practice Guide, 140

independent assessor, 8, 9
independent reading tasks, 48
instructional text, 9, 10, 11, 12, 43, 44
interactionists' view, 28
International Mindedness, 57, 62

K
Kenji Hakuta, 101

L
lexical route, 110
literacy, 53, 124
Literacy Processing, 38, 39
little books, 24, 39, 54, 201

M
Marie Clay, 7, 54
measurement, 98
Model Performance Indicators (MPIs), 92
modified input, 28
morpho-syllabic writing system, 112

N
National Curriculum, 138
National Reading Panel, 139
NCLB, 90
Nelson Review, 114
No Child Left Behind, 90
non-lexical route, 110
NRP (National Reading Panel), 135

O
OECD, 99
one-way screen, 13, 56, 57
Orthographic Depth Hypothesis, 110
orthographic representation, 111

P
PARCC, 101
personalization, 44
personalized instruction, 241
phonemic awareness, 108, 109, 132, 185
Phonemic awareness training, 157
Phonics Screening Check, 119, 128
phonological awareness, 108, 109, 113
phonological representation, 111
PISA, 99
PM Benchmark kit, 54
problem-solving activity, 38
Proficiency Guidelines, 94
Proficiency Standards, 103
Proficient User, 88

R
Race to the Top (RTTT), 100
Reading Recovery Program, 239
Reading Recovery Teachers, 12
Reading Recovery Trainers, 12
Reading Recovery Tutors, 12
recommended, 14
referred, 14
research reading, 48
roaming around the known, 21, 25, 26, 36, 40, 45, 56, 157, 201, 202, 239, 240, 242
Rose Report, 138
RR®, 54, 55
RR® リーダー, 55
RR® 教員, 55
RR® 教員チューター, 55
RR® トレーナー, 55
RR トレーナー, 12, 38
RR プログラム, 7, 35, 61, 155, 156, 239, 240, 241, 242
RR 教員, 12, 13, 26, 27, 38

RR 教員チューター, 12, 14, 38
running record, 47

S
SBAC, 101
scaffolding, 42, 46, 48, 241
shared reading, 48
socialization, 23
synthetic phonics, 26, 41
systematic approach to synthetic phonics, 123
systematic phonics, 123
systematic synthetic phonics, 123, 126

T
Teacher Leaders, 12
teachers in training, 13, 14, 55, 56
TESOL, 93
The International Baccalaureate, 57
trained teachers, 13, 14, 55, 56
transdisciplinary curriculum, 62

W
warming-up, 25
warming-up session, 9
What Works Clearinghouse, 15
WIDA, 90
WIDA Consortium, 92
Writing Vocabulary Test, 8, 16
WWC (What Works Clearinghouse), 135

Z
zone of proximal development, 28
ZPD, 28

あ
アクション・リサーチ, 146

い
一種免許状, 149

お
横断的カリキュラム, 62
音韻ルート, 111
音韻認識, 108, 185
音韻表象, 111
音声認識, 108, 113

か
学校給食免除, 15
学習指導要領, 74
観察記録, 8, 14, 36, 47, 56
観察記録ノート, 7
観点別評価, 75

き
教育実習, 145
教育職員免許法, 149
教職実践演習, 147

け
形態表象, 111
結合 (blend), 134
言語の使用場面, 77
言語の働き, 77
言語理解プロジェクト, 101

ご
語彙ルート, 110, 111
語彙認識技能, 132
効果量 (effect size: ES), 135
行動目標, 97

さ

最近接領域, 29

し

指導要録, 75
事後指導, 145
事前指導, 145
自省的教師, 145
集積ルート, 110, 111
初任者研修, 145
書記素 (grapheme), 134

せ

正書法深度仮説, 110
正書法表象, 111
生活環境図, 59
説明責任, 92, 98
専修免許状, 149

そ

相互交渉主義, 28

た

到達度評価, 73

な

難読症, 128

に

二種免許状, 149
二重アクセスモデル, 111
二重経路モデル, 110

の

ノード (nodes), 131

ひ

非音韻ルート, 111

ふ

フォニックス, 185
フォニックス・スクリーニング・チェック, 119
フォニックス活動, 26
フォニックス指導, 155
分析 (segment), 134

む

無声音, 191

め

メタ分析 (meta-analysis), 135
免許状更新講習, 148

ゆ

有声音, 191

り

リテラシー (literacy), 133
リテラシー発現, 21, 25, 26
臨界期, 66
臨界期仮説, 65, 67, 68

れ

連字, 122

ろ

ローズ報告書, 138

著者紹介

■ 小野尚美　（おの　なおみ）
　成蹊大学文学部英米文学科教授。米国州立インディア大学大学院（ブルーミントン校）教育学部言語教育学科博士課程修了。学術博士。昭和女子大学短期大学部を経て、2004年から現職。著書に、『教室英語ハンドブック』（共著、研究社）、『「英語の読み書き」を見直す　Reading Recovery Program 研究から日本の早期英語教育への提言』（共著、金星堂）、『言語科学の百科事典』（共著、丸善株式会社）、『英語の「授業力」を高めるために―授業分析からの提言―』（共著、三省堂）、『応用言語学事典』（共著）、『リーディング事典』（共著）（以上、研究社）、高等学校英語検定教科書『World Trek-English Reading』（共著、桐原書店）など。

■ 髙梨庸雄　（たかなし　つねお）
　弘前大学名誉教授。ハワイ大学大学院修士課程修了。高等学校教諭、青森県教育センター指導主事、弘前大学教授を経て現職。全国英語教育学会・小学校英語教育学会・日英英語教育学会各顧問。著書に、『教室英語ハンドブック』（共著、研究社）、『「英語の読み書き」を見直す　Reading Recovery Program 研究から日本の早期英語教育への提言』（共著、金星堂）、『応用言語学事典』（共著）、『英語リーディング指導の基礎』（共著）、『英語コミュニケーションの指導』（共著）、『英語リーディング事典』（共編）、『教室英語活用事典』（共編）（以上、研究社）、『新・英語教育学概論』（共著、金星堂）、『英語の「授業力」を高めるために―授業分析からの提言―』（編）、『小学校英語で身につくコミュニケーション能力』（共著）、中学校英語検定教科書 *New Crown English Series*（共著）（以上、三省堂）など。

■ 土屋佳雅里　（つちや　かがり）
　公立小学校（2003年～）・保育園・幼稚園・自営教室における英語指導、また、小学校英語指導者育成トレーナー（J-SHINE）として、指導者養成講座・教員研修などにおいて講師を務める。『教室英語ハンドブック』（共著、研究社）、『小学校英語はじめてセット』（アルク2009）執筆協力、『ヒアリングマラソンジュニア・シリウス』アイディア協力（アルク2010）など。

英文校閲：Carolyn Ashizawa

イラスト：髙塚有子

小学校英語から中学校英語への架け橋
文字教育を取り入れた指導法モデルと教材モデルの開発研究

2017 年 3 月 5 日　初版発行
2017 年 8 月 31日　初版 2 刷発行

著　者　　小野　尚美
　　　　　髙梨　庸雄
　　　　　土屋佳雅里

発行者　　原　　雅久

発行所　　株式会社 朝日出版社
　　　　　〒 101-0065　東京都千代田区西神田 3-3-5
　　　　　TEL (03)3263-3321（代表）FAX (03)5226-9599
　　　　　ホームページ http://www.asahipress.com

印刷所　　日経印刷株式会社

乱丁、落丁本はお取り替えいたします
©ONO Naomi, TAKANASHI Tsuneo, TSUCHIYA Kagari 2017.　*Printed in Japan*
ISBN978-4-255-00986-5　C0082